Salomon SHLOMO

REVENUS: DOUBLES. ACTIVITE: VINGT ANS ET RETRAITE PLEINE. MODE D'EMPLOI.

Résumé – Sommaire- Les gaspillages
Chapitre 1 Les Emplois.
Chapitre 2 La productivité.
Chapitre 3 La fonction publique.
Chapitre 4 Impôts et pression fiscale.
Chapitre 5 Nuisibles et catastrophiques, les politiciens qui gouvernent la France.
Chapitre 6 La fuite des cerveaux et des entreprises.
Chapitre 7 La richesse. Faut-il faire payer les riches?

Résumé.

- Les statistiques de l'INSEE disponibles sur internet nous indiquent qu'il y a en France trente millions d'actifs **recensés**. Les mêmes statistiques nous disent que la totalité des actifs des secteurs primaires, secondaires et tertiaires, c'est-à-dire la totalité des actifs qui produisent tous les biens et services consommés par les Français est moins de quinze millions d'actifs «activés».

- Cela veut dire qu'en moyenne un actif sur deux est «**activé**» et un actif sur deux est «**désactivé**».

- On peut encore dire qu'un actif passe moins de vingt ans à produire tout ce que la France consomme et au moins vingt à vingt cinq ans à chercher du travail ou dans différents statuts de précarité: RMI, chômage, RSA etc. Autrement dit, la moitié du temps de travail en

France *est jetée par les fenêtres, pour atterrir en poubelle.*

En résumé

Le système «production vs consommation» s'équilibre aujourd'hui avec un temps d'activité moyen de vingt à vingt cinq ans pour tous les actifs, suffisant afin de satisfaire les besoins en consommation des biens et services de tous les habitants de la France.

La situation que l'on constate aujourd'hui illustre bien la «règle des trois alternatives» énoncée au chapitre 5 .

Comment ne pas légiférer idiot.
1 La bonne solution. (Ce n'est pas encore fait et il y a assez peu d'espoir de la voir un jour!)

Prendre toutes les mesures d'accompagnement nécessaires pour ramener progressivement à vingt cinq ans, et peut être moins, peut être plus, la durée légale du temps de travail, qui **est d'ailleurs la durée réelle moyenne du temps du travail de production des biens et services aujourd'hui.**

Cela revient en quelque sorte à légaliser une situation réelle qui s'est imposée progressivement depuis un demi-siècle, à la suite des progrès techniques, du travail et du génie individuel des Français qui ont fait que les possibilités de la production ont largement dépassé les besoins de la consommation des Français.

C'est la meilleure façon de ne pas légiférer idiot.

C'est possible aujourd'hui, en moins de deux ans comme on le verra plus loin. Il est possible aussi aujourd'hui de doubler ou même tripler l'ensemble des revenus des Français en supprimant les fantastiques gaspillages de l'état qui dépassent largement cinquante pour cent de l'argent qu'on leur confie. C'est l'objet des pages qui vont suivre.

Sinon légiférer idiot.
Tel a été le choix du premier ministre et de son gouvernement.
La mauvaise solution. (C'est déjà fait !)
Déjà largement appliquée : passer de trente sept ans à quarante ans la durée légale du temps de travail, alors qu'il aurait fallu la ramener à moins de trente quatre ou trente deux ans ce qui aurait été déjà plus proche de sa durée réelle.
3 L'impensable, l'inimaginable. (C'est en préparation et déjà en très bonne voie!)
En passant de quarante à quarante deux ans et bientôt plus la durée légale d'un temps de travail dont la durée réelle est aujourd'hui de vingt ans environ, le parlement vient d'atteindre des sommets himalayens, que dis-je, stratosphériques, de crétinisme et d'incompétence tellement élevés qu'ils sont inaccessibles à la France d'en bas et encore plus éloignés, peut-être à des années lumière, de la France profonde, (on trouve la France profonde en creusant la France d'en bas).

Conclusions.
Gaspillages.
-Un actif sur deux est désactivé, ce qui nous donne déjà 50% de gaspillage.
- Au moins la moitié de l'argent pris par l'état, comme on le verra plus loin est jeté par les fenêtres. Cela nous donne donc près de 75% de gaspillage. Le Français serait donc dans la situation de quelqu'un qui gagnerait 100, et l'état lui en jette 75 par les fenêtres. Il lui reste donc 25 pour vivre avec précarité et à crédit bien souvent.
Tel est le vrai visage de cette crise dont le gouvernement nous rabat les oreilles, sans pouvoir nous

en expliquer ni le pourquoi, ni le comment. L'exemple suivant suffira à montrer que cette situation n'est pas une fatalité.

Exemple: une infirmière en France gagne environ mille cinq cent €uros. La même infirmière habitant la région d'Annecy et travaillant en Suisse gagnerait quatre mille cinq cent €uros.

Or les possibilités de produire, pour un Suisse et pour un Français sont les mêmes. Les possibilités de consommer sont trois fois plus élevées pour le Suisse.

Ce qui prouve dans ce cas précis que le gaspillage Français est d'au moins soixante dix pour cent.

2012.

Une question a été posée au référendum de 2012. On peut dire que le véritable sens de cette question est:

-«A quelle sauce voulez-vous être mangés? La gauche ou la droite?»

- Mais nous ne voulons pas être mangés, et puis, les deux sauces ont le même goût, sauf que l'une est teintée en rose et l'autre teintée en bleu.

- Vous sortez de la question.

Que faire alors pour choisir une troisième voie en dehors du ping-pong gauche-droite qui dure depuis plus d'un demi-siècle?

Prendre ses affaires en main.

Winston Churchill disait : «Si vous voulez qu'une chose soit faite, faites la vous-même, sinon confiez la à des parlementaires».

SOMMAIRE.

1-Comment les gouvernements successifs, de droite comme de gauche, l'UM-PS, «la *Droiche*» comme dit Alain MADELIN, prennent-ils obstinément les bonnes mesures pour que cela aille toujours plus mal? Une excellente explication a été donnée par le regretté académicien et ancien résistant Maurice DRUON dans son petit livre «La FRANCE aux ordres d'un cadavre». Je vous en recommande vivement la lecture pour avoir une idée d'une partie des mécanismes qui ont amené le pays à la situation imbécile que nous vivons actuellement.

Un autre ouvrage donne une explication plus universelle, c'est «Les lois fondamentales de la stupidité humaine», aux PUF

2- Quelques suggestions simples et de bon sens qui pourraient ramener la France à une situation normale en moins de deux ans. L'examen de ces points va nous permettre d'établir un diagnostic de la situation de la France. L'examen de ce diagnostic va nous conduire à rédiger une feuille «d'ordonnances» pour soigner le patient, si toutefois ce dernier veut bien se soigner, ce qui n'est pas gagné d'avance.

DIAGNOSTIC.

Entendu aux informations télévisées : « Le nombre des demandeurs d'emploi en FRANCE est de deux millions quatre cent dix sept mille six cents en données saisonnières corrigées. On atteint près dix pour cent de la population active, seule l'Allemagne fait pire ».

On peut commencer par se poser une première question : Un « chômeur saisonnier corrigé », c'est quoi?

Afin de vérifier cette dernière affirmation «dix pour cent de la population active», on va tenter de dénombrer combien d'actifs produisent tous les biens et services consommés par les soixante et quelques millions d'habitants de l'hexagone. On en déduira par une simple soustraction combien d'actifs sont réellement des «actifs activés» et combien d'actifs sont «désactivés».

Pour cela on a consulté les statistiques INSEE disponibles à tous sur internet.

A titre d'exemple, on ne comptera pas comme «actifs» les mille cinq cent fonctionnaires qui ont, pendant près de soixante ans collecté la taxe audiovisuelle et ont été remplacés, à l'initiative du ministre Sarkozy, par une seule ligne dans le formulaire de la taxe d'habitation. On ne comptera pas non plus comme actifs les trois mille fonctionnaires du ministère des finances qui n'ont rien à faire de la journée, ni les fonctionnaires du ministère de l'agriculture (voir La fonction publique: chapitre 3) presque plus nombreux dans leurs bureaux que les agriculteurs dans leurs champs.

La population « administrativement » active est vingt sept millions quatre cent cinquante cinq mille **(27.450.000)** personnes, soit près de trente millions «d'actifs», «activés ou désactivés» en comptant tous les demandeurs d'emploi officiellement recensés.

Secteur primaire.

(Détails chapitre 2) Il y a neuf cent quatre vingt onze mille (991.000) agriculteurs en activité et six cent soixante treize mille (673.000) actifs dans les industries alimentaires. Cela fait un million six cent soixante sept mille (1.673.000) actifs qui remplissent copieusement les assiettes de soixante et quelques millions de Français, pour beaucoup en excédent de poids.

1.667.000

Secteur secondaire. (Détails chapitre 2)

Selon les statistiques INSEE il y aurait **3.429.00** actifs qui produisent tous les biens matériels (qui ne se mangent pas) consommés par les Français.

3.429.000

Secteur tertiaire. (Détails chapitre 2)
Qu'on appelle aussi les « services ». Ce secteur est en constante expansion depuis un siècle, depuis le début de l'industrialisation. Ce secteur compte près de sept millions d'actifs aujourd'hui. **7.000.000**
    TOTAL   **12 .096.000**
Cela fait donc un total de **12.096.000** actifs «activés» qui produisent la totalité des biens et services consommés par soixante et quelques millions d'habitants de l'hexagone. Comptons treize pour n'avoir rien oublié et admettons quinze pour qu'il n'y ait pas de contestation possible. Cela fait donc: **30-15=15 millions** «d'actifs désactivés», c'est à dire sans aucune activité utile sur un total de trente millions d'actifs recensés.

2) REMEDES.
Durée de la production et des cotisations retraites ramenée à vingt ans en moyenne au lieu de quarante et plus aujourd'hui.

Nous venons de voir que si tous les «actifs» étaient «activés », ils pourraient produire en moyenne deux fois moins longtemps, vingt ans au lieu de quarante, en étant toujours le même nombre à produire sur les mêmes postes de travail, la même quantité et qualité de biens et services consommés par les soixante et quelques millions de Français.

Cela s'explique (voir chapitre 2: La productivité) par le fait qu'aujourd'hui, toute la production n'est plus faite à la main dans les «manufactures» comme autrefois (manufacturer veut dire fabriquer à la main), mais par des machines automatiques de plus en plus productives et même de plus en plus intelligentes.

On peut conclure que chaque «actif» passe en moyenne vingt ans sur les sites de production à produire toute la consommation des Français et plus de vingt ans en moyenne «désactivé», au chômage, aux ASSEDIC, RMI, rsa, ras(le bol) et autres nombreux statuts de précarité, plus ou moins assistés, ou dans des postes sans activité de la fonction publique (voir chapitre3: La fonction publique).

Il est donc indispensable de ramener aux alentours de vingt ans la durée **moyenne** de production de chaque actif, et donc ajuster les cotisations retraite, sinon le chômage, ou tous les autres statuts d'inactivité et de précarité ne peuvent pas disparaître.

Cette condition apparaît comme une condition «sine qua non» (sans quoi non), c'est-à-dire nécessaire, mais non suffisante, comme on le verra en lisant le (chapitre1: Les emplois). Il faut accompagner ces changements avec d'autres mesures sinon le remède pourrait se révéler pire que le mal.

Un petit schéma vaut mieux qu'un long discours.

On va suivre, figure 1, sur une courbe de LAFFER (explication de la courbe de LAFFER chapitre 4: Les impôts) la situation qui résulte de chacune des mesures qui seront prises. Cela nous donnera une vue d'ensemble bien plus parlante que de nombreuses pages d'économie assommantes que personne ne lirait et que je ne saurais écrire, n'étant moi-même ni économiste, ni énarque, ni polytechnicien.

Suppression de tous les impôts *négatifs* (voir chapitre 4 impôts et pression fiscale).
Suppression de l'impôt progressif sur les revenus. La Flat Taxe comme le préconise Alain MADELIN et comme la pratique la Russie, ce qui vaut à ce pays l'arrivée de nouveaux réfugiés fiscaux Français, qui vont ajouter leur argent et leur savoir-faire à l'actif de ce pays, dont l'acteur Français Gérard DEPARDIEU.

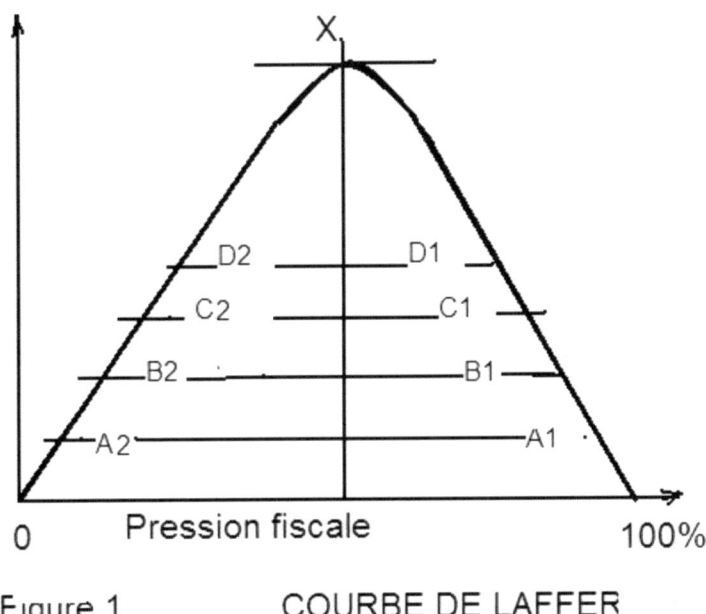

Figure 1   COURBE DE LAFFER

C'est le caractère progressif de cet impôt qui a un effet dévastateur sur les portes monnaies et sur les emplois. On peut en comprendre les ravages en lisant le chapitre1.

Pour une pression fiscale supérieure à celle correspondant au point X de la figure 1, on voit que tout accroissement de la pression fiscale se traduit par une diminution des recettes fiscales.

On peut voir l'état actuel des recettes fiscales de la France en A1 avec les 80% de prélèvements actuels (voir chapitre 4 : *impôts et pression fiscale*). On peut voir, en A2, qu'avec seulement 20% de pression fiscale, les recettes seraient les mêmes qu'avec les 80% qui nous sont imposés par nos parlementaires. Cela illustre bien une des absurdités de la situation et la dangereuse incompétence des élus de la nation qui «légifèrent idiot».

Mais en A2 ce serait une croissance à deux chiffres comme en Chine. En A1 c'est une *décroissance* lente mais certaine. La France ne va plus dans le mur, elle y est déjà et bien scotchée.

On peut voir sur le graphique que la seule marge de manœuvre qui reste pour augmenter les recettes fiscales est de réduire la pression fiscale, le contraire de ce qui se fait actuellement et depuis plus d'un demi-siècle.

La suppression de l'IRPP nous amène aux points B1B2 sur la courbe de LAFFER figure1. La situation des finances de la France s'est déjà améliorée, Les recettes fiscales se sont accrues, au moins par toutes les créations d'emplois provoquées par la suppression de cet impôt ruineux (voir les emplois : chapitre 1).

Suppression de l'ISF.
Voir chapitre 4 Les impôts.
La suppression de l'ISF, cet impôt unique à la France, nous amène aux points C1, C2 sur la courbe de LAFFER.

Suppression des taxes sur les droits de succession.
Voir chapitre 4 : la suppression des droits de succession nous amène en D1 sur la figure1
Suppression de la fonction publique.

La fonction publique, (voir chapitre 3), absorbe près de la *moitié des recettes fiscales.* On peut estimer que la suppression de la fonction publique, voir chapitre 3, nous situe au point E1 sur la figure1.

Ce qui devrait être aujourd'hui, mais n'est pas, parce que les progrès de la technologie et le travail et le génie des Français l'ont rendu possible.

Les recettes de l'état ont maintenant plus que doublé grâce aux réductions d'impôts et aux économies sur les dépenses publiques inutiles. Il n'y a maintenant plus de chômeurs ni de précarité. Chaque actif doit assurer, en moyenne, à peu près vingt ans de production pour fournir les biens et services nécessaires à la satisfaction des besoins de consommation de tous les Français. Un service civil en quelque sorte.

Ensuite il reste à chacun toute la vie pour consommer ce qu'il a produit pendant les vingt ans d'activité, et avec un pouvoir d'achat intact. Compte tenu de la vitesse des changements technologiques, qui ont crée de nouveaux emplois, mais en ont aussi détruit d'autres, il faudra envisager des cycles de formation pour pourvoir ces nouveaux emplois.

Arrivés maintenant à ce point, on peut estimer ce qu'est devenu le revenu des Français.

La fiscalité Française est maintenant devenue semblable à la fiscalité de ce que l'on appelle les paradis fiscaux: Suisse, Monaco, Luxembourg, Danemark, Lichtenstein, Canada, Australie, USA , Belgique etc….qui ne sont pas des paradis, mais des pays bien gérés, gérés avec un minimum de gaspillages, un peu comme n'importe quel particulier gère son propre budget.

Les moyens de production dans ces pays et en France sont à peu près les mêmes. Puisque l'on produit pour consommer, il est donc logique d'estimer que les possibilités de consommation en France, ce que l'on appelle le pouvoir d'achat, sont maintenant les mêmes que dans ces pays où le salaire moyen est double ou même triple de celui des Français, avec des prix à la consommation des objets à peu près semblables.

Dernièrement, à cause de la crise viennent de s'ouvrir aux États-Unis des centres de distribution de nourriture à bas prix réservés aux faibles revenus, moins de trois mille cinq cent €uros, soit cinq mille $ US par mois. Le seuil des faibles revenus est fixé en France à mille €uros/mois. Et pourtant la vie n'est pas plus chère en Amérique qu'en France Elle y serait même moins chère à cause du coût des carburants.

Puisque le revenu moyen des ménages est aujourd'hui deux mille €/mois, on peut estimer, après toutes ces réformes, qu'il sera aux alentours de cinq mille €/mois comme dans tous les pays dont la fiscalité se situe à gauche du point X de la figure 1 et qui sont appelés «paradis fiscaux» et fortement vilipendés par les parlementaires créateurs de *«l'enfer fiscal»* Français qui est notre triste sort aujourd'hui.

Aujourd'hui, le gouvernement Français, premier ministre et président de la république en tête, demande l'alignement de toutes les fiscalités Européennes sur la fiscalité Française.

C'est le cancre de la classe qui demande l'alignement des plus brillants élèves sur son niveau.

D'un certain point de vue, c'est logique de la part du cancre. Si on supprime ou sanctionne les brillants élèves, il n'y a plus de cancres.

Allonger la durée de l'activité parce que la durée de vie s'allonge.

Cette solution illustre bien la «règle de trois, chapitre 5» qui consiste à prendre seulement les mesures qui ne font qu'aggraver le mal qu'on se propose de soigner. Cette solution, la pire que l'on pourrait imaginer, ne fait qu'aggraver le mal qu'il faut soigner. La productivité ne faisant que s'améliorer et croître, il faudra de moins en moins d'actifs pour assurer une même production, nécessitée par une consommation raisonnable, et le chômage va donc automatiquement s'accroître de façon exponentielle dans le temps en même temps que s'allonge la durée de la vie et la durée de l'activité.

Travailler plus longtemps parce qu'on vit plus longtemps, comme disent le président de la république, le premier ministre, et les quelques quarante perroquets ministres qui les accompagnent, cela veut dire **que l'on ne vit que pour travailler**. C'est peut-être une vérité pour le château, mais ce n'est pas la vérité de tous ceux d'en bas qui souhaitent profiter de la vie.

Pour les gens d'en bas, pleins de bon sens, mais sans trop de diplômes, on travaille pour produire, et l'on produit pour consommer, d'où la conclusion, (théorème de CHASLES) : on travaille pour consommer.

Et aujourd'hui, on ne consomme rien de ce que l'on a produit soi-même et l'on n'a rien produit soi-même de ce que l'on consomme. Tout s'échange sur le «marché», qui est devenu mondial, grâce à l'invention de la monnaie.

Données du problème.

- Durée de vie moyenne : 80 ans. C'est aussi la durée moyenne de la consommation de chacun.
- Productivité : on peut estimer que, compte tenu des progrès techniques, aujourd'hui, un actif produit en moyenne au moins la consommation moyenne de six à sept ménages et consomme chez lui la consommation d'un seul ménage. Il va donc, logiquement, percevoir les revenus de six à sept ménages pendant les vingt ans de

son activité, soit à peu près six à sept fois le revenu qui est nécessaire à la consommation de son propre ménage.

- Pendant ses vingt premières années, il va vivre dans sa famille et consommer sans produire.

- Il va produire et consommer pendant vingt ans et pouvoir consommer sans produire, les quarante et quelques années qui lui restent à vivre, ce qu'il a produit pendant ses vingt années d'activité.

Solution au problème des retraites.

La solution au problème des retraites s'impose maintenant d'elle-même, en toute simplicité, tout au moins à la compréhension des gens d'en bas, qui ne sont ni énarques, ni polytechniciens. Pendant ses vingt années de production, le Français moyen a produit la consommation moyenne de plus de cent années de consommation d'un ménage et consommé lui-même vingt années pour son ménage.

Il aura donc durant sa vie active et sa retraite consommé soixante années alors qu'il aura produit cent années de consommation. Restent quarante années de production pour assurer les frais de fonctionnement de la collectivité, santé, sécurité, remboursement de la dette, etc.

Caisses de retraite.

Les mécanismes de la retraite sont assez semblables à ceux de certaines assurances vies à capitalisation dont il est possible de sortir sur une rente à vie.

On n'entend parler que des problèmes des caisses de retraites vidées par l'état. On n'entend pas parler de problèmes de caisses d'assurance vie vidées par une compagnie d'assurance. C'est donc que ces assurances fonctionnent sans histoires et de façon plus honnête que l'état, dit «Français».

On va donc faire gérer les caisses de retraites par des assurances ou des banques avec une garantie solidaire qui couvre les cotisants contre toute défaillance d'une caisse. C'est ainsi que cela se passe chez les notaires qui ont une assurance collective qui couvre les clients contre les défaillances d'un notaire.

L'état pourra se porter caution solidaire pour augmenter les garanties, mais en aucun cas ne sera autorisé à «taper dans la caisse». L'état a un peu trop tendance à taper dans toutes les caisses pour gaspiller l'argent et se payer des fonctionnaires affectés à un poste, mais pas à un travail (chapitre 3 : la fonction publique).

Suppression des élus nationaux.

Voir (chapitre 5 : nuisibles et catastrophiques, les politiciens qui gouvernent la France)

Vu à la télévision André SANTINI, député-maire d'Issy les Moulineaux qui s'exprimait ainsi:

«Les élus *nationaux* sont nuisibles et catastrophiques. Les élu locaux se dévouent pour leur commune et se comportent avec leurs administrés en véritables chefs d'entreprise. Un élu député-maire se conduit dans sa commune comme un entrepreneur dévoué et efficace, et au parlement il est aussi nul que les autres parlementaires et se conduit en carriériste dont la seule activité réelle est de se faire élire et réélire». Sans chercher à faire de la psychologie, on constate que cette remarque pleine de bon sens de Santini, connu pour ses compétences et son excellent travail, implique que le mal ne vient pas des hommes, mais des institutions. Bref, si les hommes ne sont pas forcément tous mauvais, alors un simple changement de casquette devrait suffire à régler le problème.

Il faut donc supprimer les élus nationaux et confier leurs attributions à des élus locaux qui pourront éventuellement être les mêmes, mais avec une autre casquette et dans une autre institution.

Mais ne s'agit-il pas là de la «**régionalisation**», cette réforme que le président **De Gaulle** n'a pu entreprendre pour cause d'interruption de mandat?

Notons au passage que le président DE GAULLE est le seul président de la République qui a supprimé la dette et équilibré les comptes du pays.

La crise actuelle c'est quoi au juste ?

On a vu que, avec vingt ans maximum de production par actif, le «marché» peut approvisionner de façon suffisante et satisfaisante les besoins de consommation en biens et services de tous les citoyens de ce pays.

Puisqu'il y a sécurité de la consommation pour tous après vingt ans de production par actif «activé», on devrait normalement vivre aujourd'hui une ère de prospérité et de calme, sans aucune précarité ni inquiétude avec l'assurance de la satisfaction des besoins pour tous.

Toutes les conditions sont réunies aujourd'hui, sur le « marché », grâce au travail, aux compétences et au sérieux de la majorité des français, et grâce aux fantastiques progrès de la technologie, pour ignorer aujourd'hui le chômage, la pauvreté et la précarité.

Aujourd'hui le marché peut tout produire en abondance et même surabondance, et satisfaire tous les besoins normaux des consommateurs. Et pourtant, au niveau de la majorité des citoyens, c'est la pénurie, la précarité, le chômage. On va chercher à comprendre les mécanismes de l'imprévisible absurdité d'une telle situation.

Les responsables de cette absurdité, c'est vous-mêmes, électeurs Français. C'est vous qui payez, alors c'est vous les patrons. Si on compare les Français aux

Suisses, aux Monégasques, aux luxembourgeois ou aux Canadiens, ces derniers, eux, sont tous des patrons compétents. La preuve, dans ces pays le revenu moyen est trois fois celui des Français. Les Français sont des patrons incompétents, au dessous de tout, et qui méritent un peu ce qui leur arrive.

Remarquons d'abord, que nous ne consommons rien de ce que nous avons produit et que l'on n'a rien produit de ce que l'on consomme. Aujourd'hui, tout s'échange sur le «marché» qui regorge de biens et services, en surabondance sur des «étals », prêts à être enlevés, mais cependant **bloqués** et ne pouvant être ni échangés, ni consommés.

Bref, la crise n'est pas due à une pénurie de produits, tout est disponible, et même en surabondance, c'est un problème d'échanges coincés et des produits qui sont donc bloqués par l'administration Française qui dépend en totalité des parlementaires.

On va essayer de comprendre le pourquoi et le comment de cette situation absurde en employant comme image la SNCF.

A la SNCF, le rôle des cheminots est de maintenir tout le matériel ferroviaire en bon état de rouler et aussi d'en assurer le bon trafic sur les voies ferrées. Et les cheminots accomplissent parfaitement leur travail. Le rôle des aiguilleurs et des chefs de gare est d'assurer le trafic, c'est-à-dire la bonne circulation et les échanges des biens et services transportés sur les rails par les wagons. Leur travail très délicat est assuré avec beaucoup de compétence et de régularité. Si ce n'était pas le cas on assisterait à des carambolages de trains et à un blocage de la circulation sur les rails. Supposons maintenant que les chefs de gare aient égaré leur drapeau et leur sifflet, et que les aiguilleurs soient remplacés par des polytechniciens et des énarques, pour la plupart, fonctionnaires ou élus nationaux, et qui n'ont jamais vu un aiguillage ni une voie ferrée, de leur vie.

La suite est facile à prévoir. D'abord d'énormes carambolages sur les voies ferrées, puis, un blocage complet de la circulation.

Les wagons sont pleins de voyageurs, de biens et de services, bref, plein de richesses en état de s'échanger entre tous les Français mais rien ne peut plus s'échanger puisque toute la circulation est bloquée sur les voies.

Les politiciens et la direction de la SNCF vous diront, _sans rire_, que c'est la faute à la CRISE et que tant qu'il y aura la crise, tout sera bloqué. Or cette crise, c'est eux qui l'ont créée de toutes pièces. Il y aura des richesses pour tous, mais on ne pourra pas les distribuer ni les échanger. Ces crises sont à la politique, selon nos parlementaires, ce que les catastrophes naturelles sont à la météorologie: imprévisibles.

Puis, les ministres, après avoir longtemps réfléchi et palabré vont voter des lois pour vivre dans la crise, alors qu'il suffirait seulement de virer les énarques qui ne savent pas aiguiller et remettre en place des aiguilleurs qui savent aiguiller. C'est-à-dire supprimer les élus nationaux.

La FRANCE maintenant.

Le rôle des citoyens est de produire un maximum de biens et services et d'assurer que les outils de production et de distribution soient en parfait état de fonctionnement afin de satisfaire tous les besoins en consommation de la France.

Les Français ont remarquablement fait leur travail, puisqu'il est possible, de se procurer n'importe quel bien ou service toujours disponible même en excédent. Il suffit de disposer de ces curieux tickets imprimés par les imprimeries de la banque de France, qu'on appelle argent, pour pouvoir retirer n'importe quel bien ou service parmi toutes ces richesses disponibles en quantité. Par exemple, les parkings des usines automobiles sont saturés de voitures en attente d'acheteurs qui ne peuvent pas acheter et continuent à rouler dans des vieilles voitures polluantes parce qu'ils ne peuvent pas disposer de ces tickets magiques, distribués par les élus nationaux.

Les fabricants qui ne peuvent pas vendre doivent licencier et former ainsi de nouveaux chômeurs, qui à leur tour ne pourront pas acheter et formeront à leur tour de nouveaux chômeurs.

Le cercle vicieux est bien enclenché. **Tous les biens et services sont sur les rails prêts à circuler et s'échanger entre tous les consommateurs et producteurs, mais la circulation est bloquée par les parlementaires qui sont là pour en assurer les échanges. Cette crise est une *crise* totalement provoquée par les parlementaires, comme on le verra plus loin.**

Les carambolages dus à ces aiguilleurs incompétents que sont les parlementaires, s'appellent : Renault, Crédit Lyonnais, France Telecom etc. qui ont été les plus grandes faillites mondiales à leur époque. Les parlementaires sont à quatre vingt pour cent issus de la fonction publique. Pour la plupart, des énarques qui n'ont jamais travaillé de leur vie. Ce parlement est donc une sorte de croupion de la fonction publique, et la France est gérée de façon aussi absurde que l'est la fonction publique.

Les Français ont parfaitement fait leur travail, et ce sont les parlementaires, élus pour assurer la fluidité des échanges qui ne font que bloquer les échanges. Le président de la république, le premier ministre et les parlementaires nous affirment que la situation actuelle, c'est la faute à la crise et que cela ira encore plus mal tant qu'il y aura la crise qu'ils ont eux-mêmes inventée et fabriquée de toutes pièces.

Et aujourd'hui, la crise, nous dit le président de la République, c'est la faute aux paradis fiscaux qu'il faut combattre parce que ils ne connaissent pas la crise, ni le chômage, ni la précarité, ni la pauvreté, eux.

Si les cancres sont des cancres, c'est la faute aux bons élèves sans lesquels, il n'y aurait pas de cancres. Il faut donc combattre les bons élèves jusqu'à les ramener au niveau des cancres. Tel est le combat que mène chaque Président de la République et ses ministres perroquets.

Les gaspillages.

François de CLOSETS disait dans son livre passionnant : «**TANT ET PLUS**» que, ce que les politiciens se mettent dans la poche, vis-à-vis de ce qu'ils gaspillent est dans la même proportion que le pourboire et l'addition.

A la lumière de ce qui précède, on va essayer de chiffrer les gaspillages.

Tout d'abord, on sait maintenant que le Français passe, en moyenne, une moitié de sa vie active à produire ce que les Français consomment et l'autre moitié est gaspillée à occuper différents statuts d'inactivité et/ou de précarité, ou à chercher un travail introuvable.

Cela nous donne déjà 50% de gaspillage du temps de travail des Français.

Un pompier New Yorkais gagne trois fois plus que son homologue Parisien. De plus, il travaille vingt ans et peut ensuite prendre une retraite si confortable qu'on a rarement vu un pompier New Yorkais rempiler.

Au États-Unis et en France, les moyens de production sont très semblables, les machines étant identiques en performances, ce qui implique des possibilités de production, donc de consommation à peu près identiques. D'ailleurs, la vie n'est pas plus chère aux États Unis qu'en France.

Le pompier New Yorkais gagne trois fois plus et travaille deux fois moins longtemps que son homologue Parisien, vingt ans au lieu de quarante. Son travail est donc **six fois plus rémunéré** que celui de son homologue Français, sans compter une retraite plus avantageuse.

Cela nous donne un chiffre de gaspillage de l'ordre de : 10-(10/6) = 83%

Dernièrement, on a vu à la télévision, un des fondateurs du groupe hôtelier Français, Accor, faire visiter sa résidence à Genève et expliquer comment il avait été contraint par le gouvernement Français à s'expatrier en Suisse pour prendre sa retraite.

La France lui prenait 2 millions d'€ d'impôts annuels pour l'héberger lui et son patrimoine en France. Le gouvernent Suisse lui demandait deux cent mille€, soit dix fois moins pour la même prestation. La Suisse est un pays riche, pas endetté et qui prête de l'argent. La France est un pays endetté qui doit emprunter, à partir du mois d'octobre chaque année, pour régler les factures de ses dépenses courantes.

Le groupe Accor a crée des dizaines de milliers d'emplois, ce qui aurait dû valoir à son fondateur une certaine reconnaissance de la part du gouvernement Français. Au lieu de cela, il est traité comme un indésirable, sanctionné à coups d'impôts et contraint comme un malpropre à s'expatrier.

On peut estimer dans cet exemple le gaspillage d'état à 90%.

Prenons le cas d'un ménage moyen Français, quatre personnes, la mère, le père et deux enfants. Un salaire de deux mille cinq cents € par mois soit cinq mille € avant les charges pour une famille moyenne.

Le gaspillage moyen, de 50% est donc de quatre mille€ par mois.

La dette moyenne de la France étant de cinquante mille€ par personne, cela fait une dette de deux cent mille€ à rembourser pour cette famille qui n'a rien emprunté. Il est bon toutefois de pondérer ce dernier chiffre.

C'est l'impôt sur le revenu, l'IRPP, qui sert à payer les intérêts de cette dette. Autrement dit, le poids des intérêts de la dette est supporté par les contribuables imposés. Or les statistiques officielles de l'INSEE nous disent que quatre vingt pour cent de cet impôt est supporté par vingt pour cent des contribuables. Ce qui nous ramène à une dette **moyenne de huit cent mille €uros** dont l'intérêt est payé par l'IRPP de cette famille qui n'a jamais rien emprunté.

Avec un intérêt de 5% en moyenne, cela fait un intérêt annuel de quarante mille € supporté par cette famille qui n'a jamais emprunté. On peut maintenant faire les comptes:

La famille gagne soixante mille € annuels. L'état lui gaspille la même somme, soit soixante mille€ annuels. La famille rembourse quarante mille € de gaspillage de l'état

Soit: Soixante mille € gagnés par cette famille auxquels il faut ajouter cent mille € gaspillés par l'état.

Gaspillage estimé : 100/160 = 62,2%

On peut maintenant estimer les gaspillages.

Ils apparaissent différents suivant les secteurs d'activité. Ils se situent entre **62% et 90%**. Cela pourrait nous donner un gaspillage moyen autour **de quatre**

vingt et quelques pour cent. Curieusement très proche du chiffre, effarant mais hélas vrai, du prélèvement fiscal.

La satisfaction des besoins de tous, la fin de la précarité, de la pauvreté et du chômage, avec une nécessité d'activité de production de vingt ans, et ensuite le même revenu toute sa vie sans nécessité d'avoir à produire. Ce sont les progrès des techniques d'automatisation de la production qui rendent cette situation possible pour tous les Français aujourd'hui même.

L'argent est une invention géniale qui permet les échanges avec une facilité que n'autorise pas le troc des marchandises. Avec l'argent, n'importe qui peut échanger n'importe quoi, n'importe où, n'importe quand, avec n'importe qui, immédiatement ou en différé.

Avec l'argent, créer une crise devient techniquement très difficile, et pourtant cette difficulté n'a pas découragé les politiciens de certains pays qui y sont très bien parvenus, en particulier la France.

Vu à la télévision : une émission sur l'Argentine.

Les fabricants ne pouvaient plus vendre leurs produits à des acheteurs en grande partie au chômage. Toute l'économie Argentine était bloquée en crise. Un de nos plus éminents penseurs, Descartes, disait que « le bon sens est la chose du monde la mieux partagée ». Tout en étant un peu de son avis, j'ajouterai le principe de PETER qui dit que plus on s'élève dans une hiérarchie, plus l'incompétence s'accroît, au point que tous les postes les plus élevés sont occupés par des incompétents. Le bon sens n'est donc partagé que par la France d'en bas puisque la France d'en haut est hiérarchisée et incompétente.

Un commerçant Argentin a eu une idée, puisque la monnaie dont le rôle est d'assurer les échanges était aux abonnés absents. Il a ouvert un marché de troc où l'on pouvait tout échanger sans se servir de la monnaie officielle, inexistante.

Le succès a été immédiat et a dépassé toutes les espérances. On a même vu des dentistes ou des médecins échanger des soins contre des biens ou des services. Le commerçant a alors eu l'idée d'imprimer des tickets d'échange pour faciliter le troc qui se faisait maintenant avec cette nouvelle monnaie particulière devenue monnaie locale.

Le succès est devenu tel que peu de temps après, un quart de l'économie Argentine était devenue prospère et tournait à fond avec cette monnaie locale, tandis que les trois quarts de l'économie Argentine étaient en crise avec la monnaie nationale.

La caméra nous a montré une imprimerie qui imprimait des rames de cette nouvelle monnaie privée locale.

Ce qui a été possible en ARGENTINE, peut l'être aussi en FRANCE.

On peut maintenant conclure.

Conclusion.

Cet exposé est composé de deux parties.

Une première partie est un constat :

- Travailler plus longtemps parce qu'on vit plus longtemps, c'est idiot aujourd'hui. Il y a un siècle, c'était un peu vrai du temps où tous les objets se faisaient à la main, un à un, dans les «manufactures». Fabriquer un objet demandait un certain temps de travail. Faire deux fois le même objet demandait donc deux fois plus de temps de travail.

Notre Président de la République, ainsi que ses ministres perroquets, semblent être les seuls à ne pas avoir compris que ce sont les machines qui produisent plus de 90% de ce que nous consommons maintenant en biens et même en services. Répliquer un objet demande donc de faire travailler plus les machines, ou augmenter le parc des machines, mais surtout ne pas faire travailler beaucoup plus les hommes.

Nous avons constaté, en examinant les statistiques officielles de l'INSEE, que :

- Il y avait trente millions « d'actifs » recensés, c'est-à-dire censés produire ce que la France consomme.

- Toujours selon les statistiques INSEE, nous avons constaté que tout ce qui est consommé aujourd'hui en matière de biens et services a été produit par moins de quinze millions d'actifs.

La moitié des «actifs», soit quinze millions, sont donc «désactivés» sans aucune activité productive et comme ils consomment néanmoins, inscrits dans différents statuts d'inactivité ou de précarité : chômeurs, rmistes ; rsa, ras(le bol) etc.., ils ne coûteraient pas plus cher en retraite, et peut-être même moins, qu'à passer leur temps à chercher un travail de plus en plus introuvable parce que de plus en plus rare, puisque accompli en grande partie par les machines.

Nous en avons conclu que,

1- ***Compte tenu*** des besoins ***raisonnables*** en matière de consommation des Français: logement, voiture, informatique, nourriture, loisirs, instruction, santé etc..,

2- ***Compte tenu*** des capacités de production des machines qui produisent ou aident à produire la majorité des biens et services que nous consommons.

3- ***Compte tenu*** de la population actuelle de la France.

4- ***Il en résulte que***, actuellement, la satisfaction de tous ces besoins occuperait un maximum de quinze millions de nos concitoyens « actifs ».

5- L'occupation de ces quinze millions «d'actifs» entraîne vingt années de travail productif et la possibilité ensuite de continuer à consommer comme avant, sans obligation de produire. Ce qui veut dire: le même revenu.

6 Les quarante et un, deux ou trois années «d'activité?» que l'on nous prépare aujourd'hui, ne peuvent que conduire à l'exclusion du marché et de la production, de plus en plus d'«actifs», ce qui aura pour effet d'entrainer encore des augmentations de la précarité et du chômage.

La deuxième partie est consacrée à montrer, par la théorie et par des exemples tirés de l'actualité mondiale, que ce changement démocratique et la fin des gaspillages peut se régler en moins de deux ans, puisque d'autres pays ont été capables de le faire.

On a vu, illustré sur la figure1, comment ont procédé la plupart des paradis fiscaux pour que leurs revenus soient tels que les salaires y soient deux à trois fois plus élevés qu'en France, et sans connaitre ni la crise, ni la pauvreté, ni la précarité, ni le chômage. C'est simple, il suffit que la totalité des prélèvements fiscaux les situent au moins à l'intérieur du premier tiers sur l'échelle des prélèvements fiscaux, figure 1 Nous avons donné une méthode pour y ramener l'économie Française. Cette méthode a au moins le mérite d'avoir réussi partout où elle a été appliquée.

Nous avons donné en plus l'exemple de l'Argentine qui a supprimé la crise pour 25% de son économie. Il ne reste plus qu'à passer aux actes. Alors :

Aux actes citoyens !

Winston CHURCHILL disait : «**Si vous voulez qu'une chose soit faite, faites la vous-même, sinon confiez la à une commission de parlementaires.**»

C'est vous qui payez, c'est vous les patrons. La seule possibilité dont vous disposez aujourd'hui pour manifester votre autorité de patrons, c'est un bulletin de vote.

Les élections ont eu lieu en 20012. Ceux qui nous ont amenés à cette situation de précarité et de chômage sont tous au parlement.

Réciproquement, les parlementaires sont tous responsables de cette situation, car aucun d'eux ne l'a dénoncée, ni proposé de solution valable. Alors :

Sortez les sortants!

Aucune abstention, Personne ne doit aller à la pêche le jour du vote. **Virez les tous.**

Aucun parlementaire présent au parlement ne doit s'y retrouver après les élections. C'est votre seule chance de profiter, à l'avenir, pleinement des fruits de votre travail.

Ainsi, les nouveaux comprendront vite que s'ils ne font pas les réformes nécessaires, leur carrière politique sera très courte et très provisoire.

-Exigez des nouveaux candidats le «Referendum d'initiative populaire» qui permet entre autres de licencier un élu sur simple demande de scrutin comme cela se fait dans toutes les démocraties. Pour plus de détails, voir «Referendum d'initiative populaire» sur internet.

Ce référendum est pratiqué par toutes les démocraties et a nous a été promis par tous les présidents: Mitterrand, Chirac, Sarkozy. Promesse jamais tenue à ce jour.

-Exigez des nouveaux candidats une **obligation de résultats**, c'est-à-dire rendre intégralement aux Français le fruit de leur travail, sans plus aucun gaspillage, en moins de deux ans, à savoir : Vingt ans d'activité obligatoire, avec un revenu semblable à celui des paradis fiscaux, (Suisse, Pays bas, etc....) c'est-à-dire au moins le double ou triple des salaires d'aujourd'hui en France.

-Ensuite, le même revenu toute la vie sans obligation de produire, ni de cotiser. C'est possible aujourd'hui avec des machines qui font au moins quatre vingt dix pour cent du travail de production de biens et produisent même dans les services.

Voila, ce n'est pas très compliqué ni même très contraignant.

Sinon, vous continuerez, encore pire que maintenant, cocus, battus, contents, vous aurez ce qu'ils vous ont promis : 45 années «d'activité?» dont vingt à vingt cinq ans en moyenne passés à chercher un travail introuvable, parce qu'il n'y en a plus, car ce sont les machines qui font 90% du travail de production. Et les promesses de mauvaises choses, ce sont les seules promesses qu'ils tiennent toujours, et même d'avantage.

Les chapitres qui suivent vont illustrer dans le détail ce qui vient d'être dit.

On vient de décrire la situation. Dans les chapitres suivants, on va tenter d'en détailler les mécanismes.

Calendrier des réformes.

Et tout d'abord, maintenant que nous avons vu les mesures qui doivent être prises, on va établir un calendrier des réformes, en prenant soin **de ne toujours dépenser que ce que l'on a déjà gagné**. Tout le contraire de ce qu'ont toujours fait les parlementaires, en ajoutant des impôts, en dévaluant, c'est-à-dire en payant les dépenses en fabricant de la fausse monnaie ou en empruntant, si les deux mesures précédentes ne suffisent pas.

Aujourd'hui, avec l'€uro, et l'Europe, ils ne peuvent plus dévaluer comme avant mais continuent néanmoins à gaspiller, alors ils empruntent. Cela explique l'explosion d'une dette moyenne de plus de deux cent mille €uros par contribuable imposé, ou huit cent .mille €uros pour une famille moyenne

Premières mesures.

Suppression immédiate de tous les **«impôts négatifs»**: IRPP, ISF, droits sur les successions etc. Et augmentation de quelques impôts positifs: tabacs, alcools insuffisamment taxés.

Mesures suivantes.

La suppression de l'IRPP, provoque immédiatement des embauches et une diminution du chômage, comme cela s'est produit en 1997 lorsque l'IRPP est passé de 75% à moins de 50%, ce que l'on verra au chapitre4.

La suppression de l'ISF et des droits de succession provoque des rentrées de capitaux qui aident au financement des entreprises. Les finances se redressent, comme on peut le voir sur la figure1.

Avec ces rentrées supplémentaires, on peut immédiatement ramener aux environs de trente cinq ans l'activité de tous pour une retraite sans perte de pouvoir d'achat et commencer à avancer un peu plus l'âge de certaines retraites. Par exemple trente ans d'activité pour les pompiers, les chauffeurs de poids lourds, d'autobus, les éboueurs qui ont un métier sportif et doivent courir derrière leur camion, et tous les métiers pénibles et/ou dangereux.

Ensuite, la réduction de l'âge de départ en retraite se fera progressivement en conciliant ces deux impératifs: possibilités de production et satisfaction des besoins de la consommation. Plus on consomme, plus il faut travailler pour produire et distribuer, la distribution demandant aujourd'hui bien plus de temps de travail que la production.

La Régionalisation.

Depuis plus de cent ans, ce pays est systématiquement saigné par ses parlementaires: guerres stupides à répétition, crises provoquées par les parlementaires, chômage et précarité institués par les parlementaires etc.

Le miracle aujourd'hui est que la bête qui est saignée depuis plus de cent ans a toujours du sang et peut encore continuer à être saignée, mais peut-être plus pour bien longtemps si l'on observe l'agitation parlementaire autour du problème des retraites et des impôts augmentés.

Tous ces problèmes sont traités par les parlementaires conformément à l'application de la règle de trois politique (chapitre 5), c'est-à-dire soigner le patient par l'application systématique d'un remède pire que le mal.

Le fond du problème.

Il y a aujourd'hui sept millions et demi d'employés de l'état dont deux millions et demi qui travaillent en sous effectifs comme pour les hôpitaux, la justice, la sécurité etc.. et cinq millions qui n'ont rien à faire (voir chapitre 3: la fonction publique). Or la fonction publique nécessite près de la moitié des impôts prélevés, ce qui, non seulement ruine l'économie, mais paralyse le pays à coups de règlementations tatillonnes qui paralysent les activités économiques.

La bonne solution:

Le gouvernement a pris la décision de ne pas remplacer un départ de fonctionnaire en retraite sur deux, et c'est une bonne décision.

La mauvaise et la pire des solutions.

Si tous les postes supprimés l'étaient parmi les cinq millions de fonctionnaires qui n'ont rien à faire (voir chapitre 3), ce serait une bonne chose, mais c'est être naïf et ne pas connaître nos parlementaires que de le croire. A voir toutes les protestations aujourd'hui, les postes supprimés le sont parmi les fonctionnaires «actifs activés», qui «travaillent» et sont donc déjà en sous-effectifs.

C'est du moins ce qui ressort de tout ce qu'on entend au sujet des postes supprimés. Les suppressions de postes ne se sont produites que sur des postes très actifs et déjà en sous effectifs.

La Suède, un état socialiste, qui était étouffé par ses impôts et commençait à connaitre le chômage et la stagnation de son économie a pris une décision héroïque et licencié soixante quinze pour cent de sa fonction publique. Une telle décision place la Suède, état socialiste, sur l'échiquier politique, à la droite de notre «extrême droite» Française.

Cette décision n'ayant provoqué aucune carence administrative en Suède, cela prouve bien que les trois quarts de la fonction publique Suédoise étaient, comme en France, composée de gens inoccupés, ou occupés à des taches inutiles, comme les mille cinq cent fonctionnaires qui ont collecté la taxe audiovisuelle pendant plus de soixante ans et viennent d'être remplacés par une ligne sur la taxe d'habitation.

Aujourd'hui, la Suède connait de nouveau croissance et prospérité.

Une bonne solution Française à ce problème serait la régionalisation.

Les régions doivent devenir progressivement autonomes, un peu comme le sont les états des États-Unis d'Amérique.

Chaque région décide de sa propre fiscalité ainsi que de ses dépenses et collecte ses propres impôts selon ses lois propres. Puis, périodiquement, tous les élus régionaux réunissent leurs représentants et décident entre eux de la part qu'ils vont allouer à l'état pour assurer ses dépenses propres. Le rôle de l'état devient alors ce qu'il aurait toujours dû être, un rôle régalien. La fonction publique disparait et les «taches» qui incombaient aux fonctionnaires sont assurées par des employés de la région ou des départements.

L'état fonctionne un peu sur le modèle d'un syndic regroupant des syndicats de copropriétaires.

On n'embauche plus un seul fonctionnaire et la fonction publique disparait. Les tâches incombant à la collectivité sont maintenant assurées par les employés des différentes collectivités locales.

Quelques conséquences.

Aujourd'hui les régions sont à peu près correctement administrées et ne sont pas ou très peu endettées. La France, constituée par les régions, par contre est surendettée.

Avec la régionalisation, la France ne pourra pas être plus endettée que ses régions, c'est-à-dire normalement. Face à un constat comme celui de l'exemple 3-7, la réaction du contribuable qui est: «de toute façon, c'est l'argent de l'état et tout le monde sait qu'il est jeté par les fenêtres!», deviendrait, une fois cet emploi régionalisé: «Mais c'est mon argent qui est gaspillé ainsi» et l'élu responsable aurait vite une réaction qui lui ferait douter de sa réélection. Donc disparition de la dette.

Ce sont les cinq millions de fonctionnaires «désactivés» qui ne trouveraient plus preneur, et leur «activité!», répartie entre tous les actifs permettrait d'avancer d'au moins cinq ans l'âge de départ en retraite pour tous les autres.

Une autre conséquence est que la France ne serait plus gérée par une assemblée d'incompétents irresponsables et hiérarchisés comme depuis près d'un siècle puisque dans l'ensemble, tous les élus locaux sont compétents et responsables et que les élus nationaux sont maintenant sous le contrôle et la responsabilité des élus locaux qui les auront choisis et élus avec possibilité de les licencier.

Chapitre1 : Les emplois.

1) **Cause politique du chômage** : La destruction systématique des emplois par les élus nationaux, « *élus sur la promesse de créer des emplois »*.

Le chômage est un phénomène qui se produit en quelque sorte entre deux partenaires: ceux qui embauchent et ceux qui sont ou souhaiteraient être embauchés. C'est un peu comme une chaîne à deux maillons. Une chaîne n'est jamais plus forte que le plus faible de ses maillons.

Ce qui va suivre est hallucinant, la réalité dépasse toutes les fictions imaginables. Pour voir et comprendre, il faut seulement ne tenir compte que des faits et rien que des faits, sans se laisse éblouir par les flashes idéologiques lancés par les parlementaires et les médias à leur service et ne se méfier des statistiques officielles.

Et maintenant, des faits, rien que des faits. Et les faits sont têtus comme disait Vladimir Illich Oulianov dit Lénine.

1- Ceux qui embauchent.

Exemple 1-1.

J'ai un ami Gérard L…..e, il avait une petite entreprise de travaux publics à Ecouché dans l'Orne, en Normandie.

Depuis plus de vingt ans que nous nous connaissons, je l'ai toujours vu avec au moins un an de travail devant lui, même pendant les périodes de récession. Il avait pris la décision de faire valoir ses droits à la retraite dans les cinq ans à venir et informé ses clients qu'il n'avait toujours pas trouvé de repreneur pour son entreprise. Le résultat ne s'est pas fait attendre, il a aussitôt récolté pour plus de cinq ans de travail. Je lui ai dit : « Gérard, pourquoi n'embauches-tu pas avec tant de travail ? »

Réponse: «J'avais trois salariés, j'en ai embauché six de plus. A la fin de l'année, il ne m'est pas resté un sou de plus dans la poche avec neuf salariés qu'avec trois. Je suis alors revenu à trois salariés.».

J'ai moins de travail, moins de soucis, moins d'impôts à payer, moins de paperasses à remplir et je gagne pareil avec trois salariés qu'avec neuf en travaillant moins et en prenant moins de risques pour mon entreprise.

Aujourd'hui Gérard a enfin trouvé un repreneur pour son entreprise et passe sa retraite en famille.

Les faits.

Gérard est un excellent gestionnaire et sait calculer ses prix.

- Avec trois salariés, Gérard a gagné 1.
- Avec neuf salariés, Gérard aura donc gagné 3.
- A la fin de l'année il lui est resté 1, c'est donc que les impôts lui ont repris 2 sur les trois de plus qu'il a gagnés.
- S'il gagne de l'argent, c'est tout pour le fisc. S'il en perd, c'est tout pour lui.
- Malgré les charges écrasantes qui dissuadent d'embaucher, Gérard a quand même embauché six personnes pour pouvoir satisfaire ses clients.

Dans une telle situation ce sont donc les parlementaires, qui en sanctionnant Gérard avec leurs impôts l'ont forcé à se séparer de six employés sur neuf et transformé les embauchés en chômeurs.

Conclusion.

Six emplois sur neuf détruits en un an dans cette entreprise par les parlementaires élus sur la promesse de créer des emplois.

Promesses : travailler plus pour gagner plus.
Réalités: devoir travailler moins pour gagner plus sinon travailler plus pour gagner moins.
Exemple 1-2.
Je parlais de Gérard avec un ami qui me dit: « Je connais un artisan qui travaillait seul. Il eu de plus en plus de travail et a embauché jusqu'à neuf personnes pour servir ses clients. Il s'est vite aperçu qu'il passait son temps à remplir des paperasses, payer des charges, des impôts, des salaires, et quand il avait tout payé, il lui restait moins dans la poche que quand il travaillait seul. Aujourd'hui il travaille seul à nouveau, travaille moins et gagne plus qu'avec neuf salariés.
Conclusion.
Neuf emplois sur neuf détruits en un an dans cette entreprise par les parlementaires élus sur la promesse de créer des emplois.
Promesses : travailler plus pour gagner plus.
Réalités: devoir travailler moins pour gagner plus sinon travailler plus pour gagner moins.

Exemple 1-3.
Cela se passait sous le gouvernement du grand vizir «Iznogood Jospin» qui voulait être calife à la place du calife. Il s'était étalé *gauchement* en se prenant les pieds dans le tapis quand il a voulu s'asseoir à la place du calife sur le siège du grand calife de France. Une veste historique le 21 avril 2002.
Le patron d'une entreprise de circuits imprimés était interrogé à la télévision.
Afin de comprendre la suite, il est bon de préciser ce qu'est un circuit imprimé. Les circuits imprimés sont ces plaques de verre stratifié come on peut en voir sur les cartes d'ordinateurs, parcourues par un très grand nombre de pistes de cuivre imprimées et percées d'un

très grand nombre de trous métallisés pour supporter et relier entre eux les composants électroniques.

Toutes ces opérations de gravure, perçage et métallisation nécessitent de lourds investissements en machines numériques et exigent un très haut niveau de savoir faire professionnel.

Le client dessine lui-même son circuit sur ordinateur, le numérise sous forme d'un fichier standard, et le poste sur internet à destination de son fournisseur qui lui renvoie son travail par la poste. Une sorte d'imprimerie. On voit que client et fournisseur peuvent être reliés entre eux en n'importe quel point du globe. La qualité des services de cet entrepreneur lui a valu, comme pour les artisans des exemples précédents d'avoir de plus en plus de travail. Tout comme ces artisans il a vu ses impôts et ses charges s'alourdir, ses marges et ses bénéfices se réduire, et son entreprise se fragiliser sous le poids des charges et des tracasseries administratives.

Il allait être obligé de se séparer d'une partie de son personnel parce qu'il avait trop de commandes clients. Cela fait partie de l'exception culturelle Française qui impose aux employeurs qui ont trop de travail de licencier plutôt que d'embaucher.

Cet employeur prit alors la seule décision qui lui permettait de ne pas licencier ses employés Français, devenus des amis, et continuer à servir ses clients en majorité Français. Il s'est expatrié en Angleterre et les vingt cinq familles ont suivi.

Un an plus tard, il avait embauché sept personnes et déclaré l'équivalent d'un million de bénéfices.

Vingt cinq emplois sur vingt cinq déménagés en Angleterre dans cette entreprise, par les parlementaires élus pour créer des emplois en France, et encore, on n'a pas compté les sept embauches en Angleterre qui sont dues aux parlementaires Français qui maintenant créent des emplois en Angleterre et les détruisent en France.

Les produits du travail de ces emplois exportés d'Angleterre sont ensuite importés en France.

Promesses : travailler plus pour gagner plus.

Réalités : devoir travailler moins pour gagner plus sinon travailler plus pour gagner moins

Les faits : voir chapitre 4 la fuite des cerveaux, des entreprises et des capitaux.

Exemple 1-4.

Ma voiture avait percé une durite et j'ai été la porter à une station service de Gif sur Yvette. Le gérant, Mr P.....i, un excellent mécanicien très serviable me dit: «Je n'ai pas le temps de prendre votre voiture aujourd'hui, il faut vous inscrire.». A l'inscription, il y avait plus de dix jours d'attente.

Je lui ai dit : « Mr P...i pourquoi n'embauchez-vous pas avec tant de travail ?»

Réponse: « On est en septembre et je viens de voir mon expert comptable. Il m'a dit: «A partir du mois de septembre, et jusqu'en janvier, je travaille à perte, seulement pour payer des impôts et remplir des paperasses. Je ne peux pas m'arrêter quatre mois par an à cause de mes clients. Embaucher ne me rapporterait que des soucis d'absentéisme et des impôts et je ne gagnerais pas plus.» Aujourd'hui, Mr P..i travaille seul.

Conclusion.

Un emploi au moins détruit dans cette entreprise par les parlementaires élus pour créer des emplois.

Promesses : travailler plus pour gagner plus.

Réalités: devoir travailler moins pour gagner plus sinon travailler plus pour gagner moins.

Exemple 1-5.

Avec bien du mal, j'ai pu trouver sur la N306 un garage qui a bien voulu s'occuper de mon problème de durite. Je lui ai fait remarquer:«C'est difficile de vous apercevoir depuis la nationale, vous devriez mettre un panneau pour signaler votre présence».

Réponse : « Si je mets un panneau, tout le monde va m'apercevoir depuis la route, j'aurai plus de clients et je devrai embaucher. J'aurai plus de travail, plus de charges, d'impôts, de problèmes d'absentéisme et en fin de compte, je ne gagnerai pas plus. C'est ma femme qui remplit les paperasses et elle vient d'être grand-mère. Elle préfère passer son temps avec son petit-fils que remplir des paperasses pour payer des impôts.

Conclusion.

Un emploi au moins détruit dans cette entreprise par les parlementaires élus pour créer des emplois.

Promesses : travailler plus pour gagner plus.

Réalités: devoir travailler moins pour gagner plus sinon travailler plus pour gagner moins

Exemple 1-6.

Une relation qui possède un restaurant Asiatique me dit: «Je travaille seul avec ma femme et nous fermons plus tôt le soir pour ne pas avoir trop de clients, ce qui nous obligerait à embaucher. Les charges, les impôts et l'absentéisme nous coûteraient tout ce que nous gagnons avec notre travail, ma femme et moi.»

Conclusion.

Un emploi au moins détruit dans cette entreprise par les parlementaires élus pour créer des emplois.

Promesses : travailler plus pour gagner plus.

Réalités: devoir travailler moins pour gagner plus sinon travailler plus pour gagner moins

Exemple 1-7.

Un voisin médecin ma dit : «Je viens de créer un cabinet médical, et ça démarre très fort. Un an plus tard ; il me dit : «Mon cabinet a marché tellement fort que j'ai dû contracter un gros emprunt auprès de ma banque pour payer les impôts de mon cabinet. Je viens de prendre un associé. Je travaillerai deux fois moins, remplirai moins de paperasses, paierai quatre fois moins d'impôts et ne gagnerai pas moins. Je vais me reposer et prendre des vacances. Inutile de travailler pour rien».

Promesses : travailler plus pour gagner plus.

Réalités: devoir travailler moins pour gagner plus sinon travailler plus pour gagner moins.

Le travail au noir.

Le gouvernement nous demande de faire la guerre au travail au noir, qui ferait perdre de l'argent à l'état.

Exemple 1-8.

J'ai un ami, Jacques Gu....im, pasteur évangélique baptiste. En début de sa carrière de prédicateur, il a dû gagner sa vie comme chauffeur de taxis. A la fin de sa première année d'exercice, lorsqu'il a eu déclaré toutes ses recettes et payé toutes ses charges, il s'est aperçu qu'il ne lui restait rien pour vivre.

Son comptable lui a dit que c'était normal s'il déclarait toutes ses recettes et qu'il fallait dissimuler une certaine partie de ses gains. Jacques lui a répondu qu'il était chrétien baptiste et que sa religion lui interdisait de faire une fausse déclaration.

Son comptable est revenu lui dire qu'il avait parlé avec le contrôleur des impôts qui lui accordait un abattement de 35% puisque, ***contrairement aux usages***, il déclarait tous ses revenus.

Le gouvernement charge les services des impôts de traquer le travail au noir, lesquels recommandent discrètement à certains contribuables de ne pas déclarer tous leurs gains, pour ne pas les ruiner.

La réalité dépasse la fiction.
Exemple 1-9.
Un ami a eu recours aux services d'un plombier qui lui a fait un excellent travail et lui a demandé six cent francs qui lui ont été réglés en espèces. Cet ami lui a demandé s'il était possible de recevoir une facture. Le plombier lui a répondu que c'était possible, mais avec une facture, le prix était mille huit cent francs.
Les faits.
-Le prix du travail est six cent francs.
-Le prix des impôts, charges et paperasses: mille deux cent francs.

Conclusion :

Si on veut entreprendre des travaux, un choix reste à faire : faire le travail soi-même, ne rien faire, ou faire faire le travail au noir, ce qui va créer des emplois. La fraude fiscale a toujours été un moteur important des économies totalitaires. En Russie communiste, plus 60% de la production civile se faisait au marché noir.

En France, EDF, ALSTHOM et la plupart des grandes entreprises qui travaillent pour l'état ont recours au travail au noir par le biais de la sous-traitance.

1-2 Ceux qui sont embauchés.
Exemple 1-10. (Vu à la télévision)
Un homme expliquait qu'après avoir été au RMI (Revenu Minimum d'Insertion), il avait trouvé un emploi rémunéré au SMIG. Un travail assez pénible avec trois heures de transport quotidien. Avec sa première feuille de paie, il s'aperçut qu'il avait gagné 120€ de moins que quand il était resté chez lui à toucher le RMI. Il a alors quitté son emploi au SMIG pour revenir toucher le RMI en restant chez lui.

Nicolas SARKOZY, alors ministre expliquait à la télévision qu'il connaissait une personne, qui, après vingt cinq années passées à travailler chez Alsthom gagnait à peu près pareil que son beau frère depuis le même temps resté au RMI chez lui.

Conclusion.
Encore un emploi au moins détruit par les parlementaires élus pour créer des emplois.

Promesses : travailler plus pour gagner plus.

Réalités: devoir travailler moins pour gagner plus sinon travailler plus pour gagner moins

Exemple 1-11.

Dans les années quatre vingt dix, une jeune femme élégante au volant d'une FIAT UNO m'appelle par mon surnom que j'avais dans l'entreprise où nous avions travaillé tous les deux. C'était Laurence X.... une secrétaire qui avait été licenciée avant moi et que j'avais toujours connue habillée en djinns avec de grosses difficultés pour joindre les deux bouts, mère célibataire avec sa fille.

Laurence m'explique qu'après son licenciement, elle avait vécu un an à se consacrer à l'éducation de sa fille, avec ses indemnités de chômage et de licenciement, bien plus confortablement que de son travail. Par la suite elle a fait du secrétariat intérimaire. En travaillant six mois par an, elle avait, en cumulant ses indemnités de chômage, un revenu deux fois supérieur que ce qu'elle gagnait en travaillant à temps plein auparavant.

Laurence avait réussi à concilier harmonieusement travail et chômage de sorte que son travail à mi-temps se trouvait quatre fois mieux rémunéré que son travail à temps plein précédent, puisqu'elle gagnait globalement deux fois plus en travaillant deux fois moins.

Promesses : travailler plus pour gagner plus.

Réalités: devoir travailler moins pour gagner plus sinon travailler plus pour gagner moins.

Les plans Emploi.
Exemple 1-14.

Jean Claude Gaudin, alors maire de Marseille et ministre de quelque chose sous le gouvernement JUPPE expliquait avec enthousiasme à la télévision comment il créait des emplois.

« J'ai obtenu un milliard de francs pour créer mille emplois temporaires!».

« Mais Monsieur le ministre, cela fait tout de même un million de francs par emploi» lui fait remarquer le journaliste.

Après un court instant de réflexion, J.C. Gaudin lui dit: « Parlons d'autre chose.»

Les faits.

Ce milliard de francs n'est pas tombé du ciel, c'est par l'impôt qu'il a été obtenu. Cet impôt supplémentaire aura peut-être tué plusieurs milliers d'emplois permanents, sérieux et producteurs de richesses pour la nation.

Les mille empois temporaires, une fois arrivés à terme, il y aura au moins mille chômeurs de plus qui auront coûté un milliard de francs.

Cela fait donc au moins un million de francs pour la création de chaque poste de C.D.I. (Chômeur à Durée Indéterminée).

C'est par rafales que le premier ministre Alain JUPPE a enchaîné les «plans emploi». Après chaque plan emploi, les statistiques indiquaient le même accroissement du chômage, provoqué par l'accroissement des impôts nécessaires à la mise en place de chaque plan emploi.

Cause politique de la destruction des emplois.

Exemple 1-1 6 emplois détruits par les parlementaires chez cet employeur.

Exemple 1-2 9 emplois détruits par les parlementaires chez cet employeur.
Exemple 1-3 25 emplois détruits par les parlementaires chez cet employeur.
Exemple 1-4 1 emploi détruit par les parlementaires chez cet employeur.
Exemple 1-5 1 emploi détruit par les parlementaires chez cet employeur.
Exemple 1-6 1 emploi détruit par les parlementaires chez cet employeur.

Total : 43 emplois détruits par les parlementaires chez ces six employeurs. Cela fait une moyenne de plus de plus de sept emplois détruits chez chaque employeur. Il y a en France plus de trois millions d'employeurs.

Si on admet une durée de vie moyenne de trente ans pour chaque entreprise cela fait 3*7=21 millions d'emplois détruits en trente ans par les parlementaires élus sur la promesse de créer des emplois. Cela nous donne: 21millions/30 = 700.000 emplois détruits chaque année par les parlementaires élus pour créer des emplois. A ce nombre, il faudrait ajouter les emplois détruits directement chez les employés en décourageant le travail et en incitant au chômage (exemple 1-10).
Conclusion.
La principale «activité» des parlementaires depuis plus de trente ans aura été la destruction de 700.000 emplois par an. L'Amérique aura crée plus de soixante millions d'emplois en trente ans.

Chapitre 2 La productivité.

Cause conjoncturelle de limitation progressive des emplois : L'accroissement de la productivité. La machine remplace l'homme dans des taches de plus en plus nombreuses.

Les progrès de la technique rendent la machine de plus en plus productive et de plus en plus intelligente et cette dernière remplace de plus en plus l'homme à la production des biens et même des services.

Secteur primaire.

On va choisir un premier exemple dans le secteur primaire.

- Il y a un siècle et demi, un hectare de blé produisait à peine vingt quintaux de blé. Aujourd'hui plus de cinquante, sinon cent.

- Il fallait d'abord retourner la terre avec un cheval ou une paire de bœufs. Puis il fallait aplanir à la main la terre retournée et enfin: Le «geste auguste du semeur» pour semer le blé. Tous ces travaux pouvaient déjà prendre plus d'un mois.

- Il fallait ensuite faucher cet hectare de blé: au moins dix jours pour un faucheur.

- il fallait ensuite ramasser ce blé et le battre avec des fléaux pour séparer le grain de la paille. Déjà plusieurs mois de travail.

- Il fallait porter ces sacs chez le meunier et ensuite tamiser à la main près de deux tonnes de farine, si on voulait faire du pain blanc. Au moins déjà six mois de travail sur cet hectare de blé.

Il fallait ensuite des haches et des scies et beaucoup de sueur pour couper le bois qui allait chauffer les fours du boulanger.

- Le boulanger devait ensuite pétrir à la main toute cette farine pour en faire des pâtons qu'il fallait introduire un à un dans le four, avant de les sortir cuits, un par un. Globalement, plus d'un an de travail il y a un siècle et demi pour convertir en bon pain, un hectare de blé.

A cette époque, le pain représentait, selon l'économiste Jean Fourastié, plus de 70% des dépenses des ménages et la France était agricole à 85%. Cela veut dire qu'il fallait au moins quatre vingt cinq personnes à la terre pour en nourrir cent.

Aujourd'hui, un hectare de blé produit plus de cent quintaux. Il faut une heure à une moissonneuse lieuse batteuse pour faucher un hectare, séparer le grain de la paille, mettre le grain dans des sacs, et compacter la paille en meules comme on peut en voir dans les champs.

Le meunier produit la farine blanche toute tamisée et le boulanger pétrit cette farine à l'aide de pétrins motorisés. Il ne reste plus au boulanger qu'à former les pâtons à la main et les mettre tous au four électrique, sur des chariots, en une seule opération. Ce sont les seules opérations manuelles qui interviennent dans la fabrication du pain.

Il faut aujourd'hui moins d'une semaine de travail pour produire une quantité de pain qui demandait plus de deux ans de travail il y a un siècle et demie.

Exemple.

J'ai un ami agriculteur qui travaille seul ses cent hectares de blé. Cent hectares vont pouvoir produire dix mille quintaux de blé qui peuvent donner plus de cinq cent mille kilos de pain. Soit le pain pour plus de cinq mille personnes.

Secteur primaire.

Il y a, selon l'INSEE, neuf cent quatre vingt onze mille agriculteurs actifs et six cent soixante treize mille actifs des industries alimentaires qui produisent ce qui va remplir les assiettes des soixante et quelques million d'habitants de l'hexagone. Cela fait un million six cent soixante sept mille (**1.667.000**) actifs qui remplissent les assiettes des soixante et quelques millions de Français, déjà en excédent de poids, qui se nourrissent sur l'hexagone.

Secteur secondaire.
C'est dans ce secteur que le progrès a le plus automatisé le travail.

La sidérurgie produit aujourd'hui la même quantité de fonte ou d'acier avec dix fois moins de personnel que trente ans avant et cent fois moins qu'il y a un siècle. Il y a trente ans, la taille moyenne d'une entreprise de fabrication de circuits imprimés (exemple 1-3) était de près de trois cent personnes. Il y avait au moins deux cent personnes travaillant sur des perceuses à percer les trous des circuits imprimés, et il fallait ensuite tout contrôler pour rechercher les trous oubliés, l'erreur est humaine.

Aujourd'hui, trente ans plus tard, un banc de perçage numérique de quelques mètres carrés fait plus de travail que trois cent personnes, et sans erreur. En tenant compte de toutes les autres parties de la production qui ont été automatisées, aujourd'hui, une entreprise de circuits imprimés d'une quinzaine de personnes fait mieux et plus de travail que trois cent personnes vingt ans auparavant. Les besoins en circuits imprimés n'ont pas beaucoup évolué, mais il faut aujourd'hui vingt fois moins de personnel pour les produire.

Secteur tertiaire.
Appelé aujourd'hui «les services», c'est le secteur dont les emplois sont le moins touchés par le progrès. Toutefois, l'informatique a considérablement réduit le temps de travail de certaines taches administratives, comme la comptabilité. Par contre une coupe de

cheveux demande le même temps de travail que du temps des Romains deux mille ans plus tôt. Cela explique la constante expansion en personnel de ce secteur terriblement chronophage, au fur et à mesure que le primaire et le secondaire libèrent des emplois.

Alors se pose la question :
Combien de temps faut-il travailler aujourd'hui afin de produire la consommation des soixante et quelques autres millions d'individus qui peuplent l'hexagone? La réponse à cette question nous donnera entre autres, une réponse vraisemblable, possible et Claire au Problème des Retraites et du Chômage qui provoquent tellement de débats aujourd'hui.

Nous pouvons consulter les statistiques de l'INSEE, disponibles sur internet. Selon ces statistiques, la population *administrativement active* compterait trente millions de personnes, en activité et demandeurs d'emploi.

Secteur primaire.

Il y aurait selon les statistiques officielles : **991.000** agriculteurs actifs et **673.000** actifs des industries agricoles qui remplissent les assiettes des soixante et quelques autres millions d'habitants de l'hexagone, déjà en excédent de poids.

Secteur primaire.
1.667.000
Secteur secondaire.

Industrie des biens de consommation	700.000
Industrie automobile	326.000
Industrie des biens d'équipement	817.000
Construction	1.586.000

Total-------------------------------- 3.429.000

Remarque: Une grande partie des actifs de ce secteur sont des administratifs et/ou des commerciaux et devraient apparaitre logiquement au chapitre du secteur tertiaire. Ce changement de classification ne changerait rien au total. Cette réflexion souligne seulement l'importance croissante du secteur tertiaire.

Secteur tertiaire.

C'est un secteur en constante expansion depuis plus d'un siècle, depuis le début de l'industrialisation. Afin de souligner son importance croissante, remarquons que vendre une paire de chaussures, (secteur tertiaire), demande aujourd'hui plus de temps que la fabriquer (secteur secondaire).

L'éducation nationale, une entreprise publique, première entreprise de France et aussi le secteur le plus chronophage mérite un peu un peu d'attention. L'INSEE nous indique que l'éducation nationale emploie **1.100.000** salariés et enseigne à **quinze millions** d'élèves. S'agissant d'une entreprise publique, les chiffres des «actifs?» doivent être examinés avec une certaine prudence.

Les professeurs et les parents d'élèves manifestent souvent pour se plaindre de classes surchargées de plus de trente élèves. Admettons donc une moyenne de trente élèves par classe. Cela nous donne un personnel réellement **« actif »** de:15.000.000 /30=500.000 **«actifs»** qui travaillent. Ajoutons **100.000** actifs pour tenir compte des services annexes: administration, cantines etc., cela fait **600.000** «actifs activés» sur **1.100.000** fonctionnaires. C'est un gâchis très raisonnable pour un service public.

On va compter **1.100.000** (actifs activés) pour tenir compte de l'enseignement supérieur et de l'enseignement privé.

Cela nous donne pour le secteur tertiaire:

Enseignement.	1.100.000
Employés communaux.	1.000.000
Santé.	859.931
Justice et personnel pénitentiaire.	71.930
Sécurité, police et gendarmerie	100.000
Commerce et réparations (artisanat)	3.307.000
Hôtellerie	650.000
Total	**7.088.881**

On n'a pas compté comme «actifs activés» les personnels de différents ministères comme le ministère de l'agriculture qui emploie presque plus de fonctionnaires dans ses bureaux qu'il n'y a d'agriculteurs dans les champs.

Cela fait un total de:
1.667.000 + 3.429.000 + 7.088.861 = 12.184.861

On va compter **15.000.000 (quinze millions)** pour tenir compte des omissions et être certains d'avoir un nombre d'**actifs activés** au moins supérieur à la réalité.

Conclusions.

On dispose maintenant de suffisamment d'éléments pour conclure.

Il y a les mots savants pour construire des phrases incompréhensibles par la plupart des gens, ce que l'on appelle la «langue de bois», et il y a la langue de Voltaire qui appelle «chat» un chat.

Nous appellerons donc ***chômeur*** un «actif désactivé», quel que soit son statut. Ainsi, par exemple, les mille cinq cent fonctionnaires qui ont collecté la taxe audiovisuelle pendant plus de soixante ans et ont été remplacés par une ligne dans la taxe d'habitation, apparaîtront ainsi dans notre catégorie, comme «chômeurs».

- Nous avons vu que les statistiques officielles comptabilisent 30 millions d'actifs.

- Nous entendons tous les jours qu'il y a deux millions huit cent mille chômeurs «en données saisonnières corrigées».

- Nous avons vu que, un examen détaillé des statistiques de l'INSEE nous permettait d'en déduire que un maximum de quinze millions d'actifs produisent tous les biens et services que les Français consomment.

- Il nous reste donc: **30–15=15 millions** d' «**actifs désactivés**», c'est-à-dire qui ne produisent aucun des biens ou services qui sont consommés par les soixante millions d'hexagonaux.

Aujourd'hui, un actif travaille donc en moyenne vingt ans à produire sa quote-part de tout ce que les Français consomment et est «désactivé» en moyenne plus de vingt ans, fonctionnaire ou sous différents statuts de précarité. Les projets actuels de faire cotiser quarante et quelques années de plus, sous prétexte que l'on vit plus longtemps, alors que les besoins des français(es) peuvent être satisfaits avec un maximum de vingt ans d'activité, cela va entraîner automatiquement la «**désactivation**» d'un nombre de plus en plus important d'actifs.

Inventaire des «actifs désactivés».

On peut se demander quels sont ces «**actifs-désactivés**».

- **1) Les demandeurs d'emploi.**

Ils seraient selon les chiffres officiels, trois millions en «données saisonnières corrigées», soit 10% de la population active et, dit-on, seule l'Allemagne avec 10% ferait aussi mal que la France.

Il faut tenir compte de la façon dont les demandeurs d'emploi sont comptabilisés en France.

- Un demandeur d'emploi qui s'inscrit à l'ANPE est immédiatement dirigé sur un stage parking et il n'est plus comptabilisé comme demandeur d'emploi.

- Un demandeur d'emploi qui a trouvé un travail de quelques jours n'est plus comptabilisé comme demandeur d'emploi pendant un mois. Ainsi Laurence (exemple 1-12), qui travaille six mois par an, si elle trouve des intérims d'une semaine ou deux chaque mois ne sera jamais comptabilisée comme demandeur d'emploi, alors qu'elle pointe à l'ANPE au moins six mois par an.

Si l'Allemagne comptait ses demandeurs d'emploi comme la France compte les siens, l'Allemagne afficherait moins de cinq pour cent de demandeurs d'emploi et si la France comptait ses demandeurs d'emploi comme l'Allemagne les compte, elle **afficherait plus de 20% soit six millions de demandeurs d'emploi pour la France.**

2 – Les pauvres.

De plus en plus nombreux, ils sont estimés à plus de cinq millions par la plupart des médias. Les pauvres, les RMIstes, RMAStes, etc. sont pour la plupart des demandeurs d'emploi déclassés. S'ils étaient comptés comme demandeurs d'emploi, cela ferait plus de trente pour cent de chômeurs dans la population active et cela ferait désordre dans les statistiques vis-à-vis de nos voisins.

3-La fonction publique.

On a vu qu'il y a cinq millions de demandeurs d'emploi et cinq millions de pauvres. Or nos avons compté plus de quinze millions **«d'actifs désactivés»**. Reste donc cinq millions d'actifs désactivés qui ne sont ni des pauvres, ni des demandeurs d'emploi. **C'est donc qu'ils ont un emploi payé et donc un employeur.** Ils ne peuvent pas être employés du secteur privé, des employeurs déjà contraints par les services fiscaux de licencier au lieu d'embaucher quand ils ont trop de travail ne peuvent pas se permettre de payer des employés à ne rien faire. Se pose ainsi la question: qui donc peut payer **cinq millions** d'employés à ne rien faire?

Réponse: un organisme qui n'a pas de comptes à rendre, n'a pas non plus à justifier de son **«activité»** et peut se permettre d'avoir des comptes totalement opaques comme dans n'importe quel système totalitaire. On trouve ainsi, par éliminations successives que ce sont des employés de l'état.

Chapitre 3 La Fonction publique.

Question: quelle différence y- a-t'il entre un chômeur et un fonctionnaire? Réponse: Le chômeur, lui, a déjà travaillé.

Avant de commencer cette enquête sur la fonction publique, rendons hommage au grand humoriste Français, Georges Courteline, inventeur entre autres de la tasse avec anse à gauche pour gauchers, auteur de «messieurs les ronds de cuir» et fonctionnaire lui-même. Il disait de ses collègues que ceux qui arrivent en retard croisent dans l'escalier ceux qui partent en avance.

Aujourd'hui cela ne se produit plus, il y a des ascenseurs partout.

Durant la guerre de 14-18, lorsque on lui posait la question : « Quand la guerre s'arrètera-t'elle? », il répondait : «Lorsqu'il n'y aura plus de papier».

Exemple 3-1.
Au cours d'une émission C dans l'air, le président d'une association de consommateurs expliquait que le service de la redevance télévision employait mille cinq fonctionnaires pour rien depuis plus d'un demi-siècle, car une seule ligne dans une déclaration de revenus suffirait à les remplacer.

Le ministre, Nicolas Sarkozy, vient de le faire, mais il aura fallu plus d'un demi-siècle à plus de trois mille énarques et polytechniciens, tous fonctionnaires du service public pour commencer à comprendre ce que tout le monde savait déjà et leur répétait depuis un demi-siècle

Exemple 3-2 ministère de l'agriculture.
- Il y a aujourd'hui trois fois moins d'agriculteurs que vingt ans avant.
- Il y a aujourd'hui trois fois plus de fonctionnaires au ministère de l'agriculture que vingt ans avant.
- Il y a donc aujourd'hui neuf fois plus de fonctionnaires par agriculteur que vingt ans auparavant.
- Or s'il y a trois fois moins d'agriculteurs que vingt avant, c'est que la productivité des agriculteurs s'est multipliée au moins par trois en vingt ans.
- On peut dire, que grâce à l'informatique, la productivité des taches administratives s'est multipliée au moins par trois en vingt ans. Il devrait donc, normalement, y avoir au moins trois fois moins de fonctionnaires par agriculteur et non neuf fois plus.
- Il y a donc **3*9= 27** fois trop de fonctionnaires au ministère de l'agriculture. A supposer que vingt ans avant, ils n'étaient pas déjà dix fois trop nombreux**.**

- Là ou il y a cent fonctionnaires dans ce ministère, il y a donc à peine du travail pour trois ou quatre, et encore, et ils seront bientôt plus nombreux dans leurs bureaux que les agriculteurs dans les champs, qui nourrissent les soixante et quelques millions d'habitants de ce pays.

Promesses: travailler plus pour gagner plus.

Réalités: devoir travailler le moins possible pour garder son emploi et continuer à être payé.

Exemple 3-3.

Ma fille alors étudiante avait envoyé un dossier à la préfecture d'Evry. Son dossier lui est revenu avec la mention «Mademoiselle veuillez joindre une enveloppe timbrée»

Beaucoup de choses ont changé depuis Courteline, pas l'administration
.

Exemple 3.4.

J'avais un ami Ruff D….ch. Il était entré en fonction publique dans les années cinquante, après la guerre. Il m'a raconté qu'à ses touts débuts dans l'administration, son chef lui a confié son premier dossier en lui disant: «Monsieur D..ch vous allez étudier ce dossier puis vous pourrez venir me trouver d'ici trois à quatre semaines si vous avez des questions à me poser ». Ruff se mit au travail comme il avait appris et vint trouver son chef après avoir terminé son dossier, en quelques jours. Ce dernier le reçut sans enthousiasme, examina avec soin son travail et lui dit, visiblement contrarié: « Rien à redire Monsieur D…ch c'est parfait. Je vais vous confier un autre dossier».

Revenu à son bureau, ses collègues lui dirent: «Fais attention si tu veux rester parmi nous. Si le chef t'a dit de finir ton dossier en un mois il faut le finir en un mois, pas en deux jours».

Quelques jours plus tard, Ruff croise son chef qui lui dit : « Alors monsieur D…ch rapide comme vous êtes, vous avez fini le dossier que je vous avais confié ? ».

Ruff lui répondit : «Pas encore monsieur, c'est plus compliqué que j'avais pensé, il me faudra encore plusieurs semaines, et à ce moment là j'aurai certainement des renseignements à vous demander».

A l'air satisfait de son chef à la suite de cette réponse, Ruff se rendit vite compte qu'il avait parfaitement compris les deux règles essentielles pour réussir une carrière dans le service public: en faire le moins possible et surtout faire bonne impression.

Par la suite, il réussit si bien dans ces deux disciplines, pas trop contraignantes, que lorsque fut venu le moment de faire valoir ses droits à la retraite, il était devenu si indispensable à la fonction publique que son service lui demanda de rester encore. Il partit en retraite à l'âge de soixante douze ans, parce que sa santé ne lui permettait plus de travailler. Dans les années soixante, il n'y avait pas encore d'âge limite pour la retraite.

Exemple 3.5.

Pour mettre à jour ma carte d'identité, je dus demander un acte d'extrait de naissance à Nantes, étant né en Pologne. Contrairement à ce que je pensais, l'administration Polonaise m'a retrouvé dans les archives de Varsovie que je pensais détruites avec la ville pendant la seconde guerre mondiale.

Seulement, il y avait un problème, mon prénom actuel n'était pas celui que l'on m'avait donné à ma naissance et je me souvins que l'on m'avait fait des faux papiers en 1940 avec un acte de notoriété pour me faire porter le prénom « Charles » qui faisait moins cible pour les nazis que «Salomon».

Les administrations concernées me reprirent mes cartes d'identité et vitale pour remette à jour mon prénom. Un an après, malgré mes relances incessantes auprès des administrations concernées, j'étais toujours sans carte d'identité et sans carte vitale. Je fis alors appel aux services de mon député qui, après plusieurs rappels, m'obtint mes nouveaux papiers en moins de deux mois. Lors d'une de mes visites de relance pour ma carte vitale à la caisse de sécurité sociale, la préposée, excédée de mon insistance finit par me dire: «monsieur GUTERMAN vous êtes un ingrat car deux employés travaillent sur votre problème depuis un an!».

Avec ma carte d'identité qui était restée aussi un an bloquée dans l'administration, cela fait quatre employés des services publics occupés pendant un an pour changer un prénom sur un badge et sur une carte à puce. La carte d'identité est bien un badge et la carte vitale une carte à puce. Soit quarante huit mois de «travail» dans la fonction publique pour changer un prénom.

A 3.000€ par mois de coût charges comprises, pour un «*travailleur*» du secteur public, cela fait un coût de 160.000€ que doit payer le contribuable pour changer un prénom sur un badge et sur une carte à puce. Et encore, l'administration m'a dit que sans l'intervention de mon député, cela aurait «*normalement*» duré deux ans et donc dû coûter 320.000€ au contribuable.

Peu de temps après je passai à ma banque et demandai combien de temps cela prendrait et combien cela coûterait pour changer le prénom sur ma carte de crédit qui est bien une carte à puce.

On me répondit que cela ne me coûterait rien, que je pouvais continuer à me servir de ma carte de crédit et quand je recevrai ma nouvelle carte de crédit dans une semaine, l'ancienne carte se trouverait automatiquement invalidée dés que j'utiliserai la nouvelle carte au distributeur de billets.

Je demandai à l'attaché parlementaire de mon député qui s'était occupé de mon affaire si son patron, mon député, pouvait faire quelque chose pour améliorer cette administration. Il me répondit « Ne me parlez pas de malheur, réparer les **conneries** de l'administration publique, c'est mon gagne pain. »

Exemple 3.6.

Cet attaché parlementaire me dit: «Au ministère des Finances, quai de Bercy trois mille fonctionnaires n'ont rien à faire de toute l'année».

Personnellement, je ne vois pas bien où est le problème. Il serait possible de joindre l'utile à l'agréable: si à Bercy les bureaux sont vides et les cafétérias sont pleines, il suffit d'étendre les cafétérias sur les bureaux inutilisés et ainsi la construction pharaonique du président Mitterrand deviendrait la plus grande cafétéria du monde avec vue imprenable sur la Seine.

Exemple 3.7.

Mon médecin traitant est tellement enthousiasmé par la semaine des trente cinq heures de Martine Aubry qu'il la pratique plusieurs fois par semaine sans modération.

Quand je lui racontai le quai de Bercy, il me dit:« Cela ne m'étonne pas du tout, j'ai un patient fonctionnaire informaticien. Ils sont un grand nombre de fonctionnaires informaticiens comme lui dans une grande salle. Le chef est très strict, il veut voir une seule tête d'informaticien fonctionnaire devant chaque écran d'ordinateur. Ils ont chacun un maximum de sept jours de travail par an. Une seule contrainte, ils doivent avoir l'air de travailler toute l'année.

Exemple 3.8.

Dans les années 90 je fis la connaissance d'un jeune homme qui me dit travailler chez MAC-DO et gagner cinq mille cinq cent francs par mois. Peu de temps après, il me dit avoir été embauché au CEA

(Commissariat à l'Énergie Atomique), gagner huit mille cinq cent francs par mois et travailler exactement vingt deux minutes par jour. Il ajouta qu'il n'était pas de ceux qui travaillent le moins.

Le CEA est un organisme d'état de plus de cinquante mille personnes, consacré à la recherche atomique. Par contre un chercheur diplômé qui souhaite obtenir une bourse de recherche a peu de chance d'obtenir les crédits nécessaires. Une grande partie des crédits de cet organisme public sont consacrés uniquement au gaspillage.

Exemple 3.9.

Dans les années soixante, je travaillais au CNRS (Centre National à la Recherche Scientifique).

Un matin à mon arrivée au bureau, je suis averti que je dois dépenser quinze millions avant quinze heures (anciens francs, à peu près un million et demi d'€uros d'aujourd'hui.). Je demandai: pour acheter quoi? On me répondit « Ce que vous voulez, et ne vous plaignez pas, il y a un professeur à Grenoble qui doit dépenser quatre vingt millions (six à sept millions d'€ d'aujourd'hui) tous les ans. A cette époque, j'entendais la presse et les médias parler de la profonde misère de la recherche Française et qu'il fallait lui allouer plus de crédits.

Exemple 3.10.

Un jour, j'arrêtai ma voiture dans un endroit isolé en pleine campagne pour faire le plein. Au moment de payer, je ne pus m'empêcher de faire remarquer au gérant que son liquide qui sent mauvais coûte presque aussi cher qu'un bon Bourgogne. Il me répondit «Voulez-vous de l'essence gratuite?»- «Oui» lui répondis-je. Il me dit « Voyez-vous la colline en face? Eh bien, il y a quelques jours, l'armée est venue la nuit, et a creusé des trous profonds pour y enterrer des fûts d'essence pleins. Servez-vous ! »

Exemple 3.11.
Vu à la télévision.
C'était du temps de Jospin et sa semaine de trente cinq heures. Un gradé de gendarmerie expliquait que ses gendarmes devaient travailler plus de soixante dix heures par semaine pour accomplir toutes leurs taches. Et il y avait un seul ordinateur pour toute la gendarmerie, le portable personnel d'un gendarme qui l'emmenait avec lui pour travailler.

Exemple 3.12.
Vu à la télévision.
Une infirmière d'un hôpital public expliquait que faute de crédits, il manquait plusieurs médecins et plusieurs infirmières dans les services. Cet hôpital public avait donc été obligé de fermer des lits faute de crédits et de personnel. La caméra a montré des chambres vides avec des lits recouverts d'une bâche plastique, puis la caméra s'est attardée sur les couloirs encombrés de patients couchés sur des lits à roulettes, puisque les chambres étaient fermées, faute de crédits pour les ouvrir.

Exemple 3.13.
Dans les années 90, un ingénieur me disait qu'un service de la SNPE (Je ne suis pas certain du sigle de cette entreprise publique) recevait chaque année cent ordinateurs Mac Intosh les plus puissants, d'une valeur au moins de cinquante mille francs pièce (plus de dix mille € d'aujourd'hui).

Ces ordinateurs étaient stockés un an dans la cave dans leur emballage d'origine, puis le livreur recevait vingt cinq mille francs en espèces pour les détruire d'un seul coup de masse placé au bon endroit, sans les sortir de leur emballage, et les mettre à la benne.

Exemple 3.14.

Une voisine avait perdu son mari médecin et s'est retrouvée veuve avec deux enfants. Elle a trouvé un emploi à la mairie de Paris à l'époque de Chirac maire de Paris. Elle nous a expliqué ses journées:

Arrivée le matin à neuf heures. Le temps de prendre des nouvelles des collègues et leur famille, puis de faire un tour à la cafétéria, il est onze heures. Puis on range le bureau et il est temps de partir déjeuner. Ensuite, les après-midi sont longues.

Remarque.

Ce n'est pas une fonctionnaire, mais un «emploi protégé». Les cinq millions **«d'actifs salariés, désactivés»** que nous avons trouvé ne seraient donc pas tous des employés de l'état, mais peuvent être dans des emplois protégés comme la SNCF, une mairie, etc…. Si cela change la répartition, cela ne change rien au total.

Conclusions sur la Fonction publique.

Une importante question se pose maintenant: Combien sont les employés de l'état?

- J'ai entendu à la télévision, au journal du soir, le présentateur affirmer qu'il y avait deux millions deux cent cinquante mille employés de l'état.

- Un peu plus tard, j'ai vu à la télévision un ministre Italien dire «En Italie, nous avons grandement réduit la fonction publique. Nous n'avons plus que trois millions de fonctionnaires, alors qu'ils sont plus de cinq millions en France".

- J'ai vu récemment un hebdomadaire à grand tirage publier que plus d'un actif sur quatre en France est un employé de l'état, soit sept million et demi puisque les actifs récences sont trente millions. Une première réflexion nous vient à l'esprit: L'état Français avec ses cinq cents énarques, ses deux mille polytechniciens et ses sept millions et demi de bureaucrates est le seul employeur au monde qui ne sait pas compter ses employés. Un commerçant qui serait aussi nul que trois ou quatre mille énarques et polytechniciens fonctionnaires ferait faillite immédiatement.

La Suède, un état socialiste commençait à crouler sous le poids de ses impôts collectés pour payer ses fonctionnaires. C'était le chômage et la précarité. Les Suédois prirent une décision énergique en licenciant soixante quinze pour cent de la fonction publique.

Aujourd'hui la Suède a retrouvé le chemin de la croissance et de la prospérité et n'est cependant pas sous-administrée avec 75% de fonctionnaires en moins.

L'Angleterre socialiste de Tony Blair a pris des mesures économiques qui la situent économiquement à la droite des revendications économiques de ce que l'on appelle «l'extrême droite Française», et qui apparaît ainsi plus socialiste que l'Angleterre et la Suède socialistes.

L'Angleterre socialiste est aujourd'hui une terre d'accueil pour les exilés fiscaux Français. Une sorte de paradis fiscal Européen.

Chapitre 4: impôts et pression fiscale.

Avant d'aborder ce chapitre on va faire un crochet par deux annexes qui vont bien éclairer la compréhension de la suite :

- Annexe 1: La théorie de l'Américain Colin Clarke reprise en France par Jean Fourastié.
- Annexe 2 : La courbe de LAFFER.

- Annexe 1: La théorie de Colin Clarke reprise en France par Jean Fourastié.

L'économiste Américain Colin Clarke repris par l'économiste Français Jean Fourastié dans les années

soixante a classé les activités humaines en trois secteurs:
- **Secteur primaire.**
Ce sont les activités qui servent à produire la nourriture, essentiellement l'agriculture et la pêche.
- **Secteur secondaire.**
Ce sont les activités, en général de transformation, qui servent à produire tous les objets non consommables que nous utilisons: Vêtements, automobiles, chaussures etc. généralement produits dans des « manufactures », (terme qui veut dire fabriquer à la main) terme maintenant impropre puisque presque plus rien ne se produit à la main aujourd'hui.
- **Secteur tertiaire.**
Qu'on appelle couramment aujourd'hui les «services». Cette activité ne produit en général aucun objet matériel: Le dentiste, le médecin, l'infirmière, les ministres du culte, les artistes etc..

Depuis des siècles et jusqu'au début des années 1900, la proportion des populations entre ces trois secteurs d'activités est restée stable. Quatre vingt cinq pour cent de la population était agricole et fournissait tout juste de quoi nourrir l'ensemble de la population, et les quinze pour cent restants se partageaient entre les secteurs secondaires et tertiaires. Le pain, à cette époque représentait plus de soixante dix pour cent des dépenses des ménages. On travaillait vraiment pour «gagner son pain à la sueur de son front». Les bouleversements ont commencé vraiment dans les années 1900 avec la révolution industrielle. Les machines faisant les travaux physiques de l'homme puis plus tard, avec l'apparition de l'automation et de l'informatique, ce sont les taches intellectuelles qui ont été assistées par les machines. Le mouvement s'est ensuite vite accéléré. La figure 2 empruntée à l'économiste Jean FORASTIE qui l'a tracée vers 1960 montre l'allure des évolutions respectives dans le temps des populations de ces trois secteurs. Cette évolution qui se poursuit encore aujourd'hui est en voie de se stabiliser. On s'approche d'une nouvelle stabilité socioprofessionnelle. Cela ne veut pas dire un arrêt du progrès qui s'accélère toujours, cela veut dire que les nouvelles proportions relatives des populations entre ces trois secteurs vont se stabiliser à partir des années 2015, avec une nouvelle répartition, comme elles avaient été stables avant 1900.

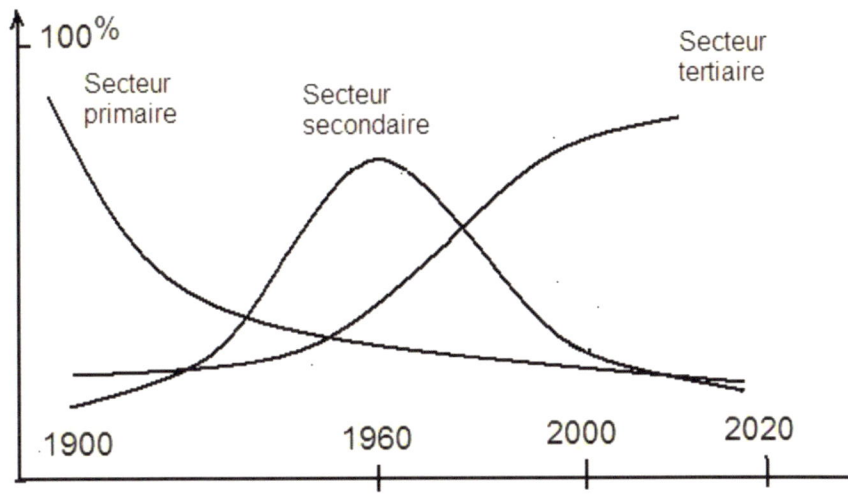

Figure 2   Prévisions de Jean FOURASTIE

Annexe 2 : Le principe de LAFFER.

L'économiste Américain LAFFER, conseiller du président Ronald Reagan, et qui a redressé l'Amérique, a énoncé le principe suivant.

« A partir d'un certain taux de pression fiscale, toute augmentation des impôts se traduit par une diminution des recettes fiscales ».

C'est le principe de LAFFER qui a été traduit en Français par **« Trop d'impôts tue l'impôt »**.

Pour visualiser son principe, LAFFER l'a représenté par une courbe, la « courbe de LAFFER» figure 3.

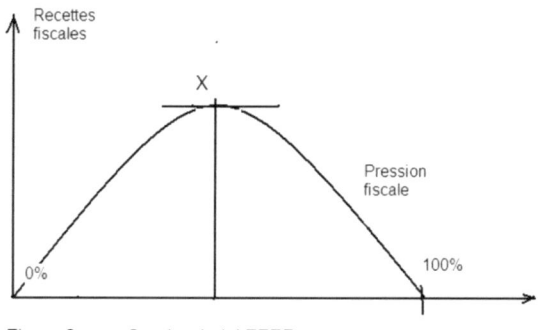

Figure 3   Courbe de LAFFER

L'axe horizontal est gradué en pression fiscale de 0 à 100%. On a porté sur l'axe vertical les recettes fiscales correspondantes. Si la pression fiscale est 0%, les recettes fiscales correspondantes sont zéro bien évidemment.

Si la pression fiscale est faible, 10% par exemple, les recettes fiscales seront comme dix puisque l'économie n'a pas été changée par ce faible prélèvement. La courbe part donc de zéro avec un angle de 45 degrés. Si en revanche, la pression fiscale est 100%, cela veut dire qu'il ne reste rien au contribuable puisque l'état a tout pris et les recettes fiscales sont donc zéro puisque le contribuable n'a plus rien pour payer. Par contre, si on réduit la pression fiscale à partir de 100%, la courbe va remonter avec la réduction de la pression fiscale.

La courbe commence en montant lorsque la pression fiscale augmente à partir de zéro et finit en descendant lorsque la pression fiscale s'approche de 100%. Cette courbe s'inverse donc quelque part, en un point X entre zéro et 100% de prélèvement.

On voit donc que, à partir de ce point X, toute augmentation de la pression fiscale se traduit par une diminution des recettes fiscales. C'est le principe de LAFFER.

Les Impôts.

Les impôts sont la seule façon connue à ce jour, de rémunérer l'état prestataire de services, au service de tous les citoyens d'une «démocratie». J'ai classé les impôts en deux catégories:

Les impôts positifs qui rapportent à la collectivité de quoi faire fonctionner l'état.

Les impôts négatifs, en général idéologiques et de gauche, qui coûtent à la collectivité plus cher qu'ils ne rapportent. Des impôts imbéciles, très prisés de presque tous nos parlementaires de droite comme de gauche.

Exemples d'impôts positifs.
L'impôt sur les tabacs.

Le tabac est un fléau qui tue autant et peut-être plus que la route. Au moins, trois à cinq mille personnes meurent chaque année de tabagisme passif, pour avoir inhalé la fumée du tabac des «fumarts» qui se conduisent avec les autres, comme des chauffards sur la route.

Il est normal que ce soient les fumeurs qui se paient les ravages causés par leur fumée, le cancer par exemple, et non la collectivité. L'impôt sur le tabac est un **impôt positif**, pas encore assez élevé.

L'impôt sur les carburants pétroliers.

C'est la consommation excessive des produits pétroliers qui est la cause d'une grande partie de la pollution et du réchauffement climatique de la planète. L'augmentation par l'impôt du prix des carburants a fortement aidé à stimuler la recherche sur le rendement des moteurs thermiques. La «onze traction» des années cinquante consommait plus de onze litres au cent kilomètres sur route. Aujourd'hui une voiture diésel HDI de dimensions intérieures identiques consomme à peu près quatre litres dans des conditions identiques et est cent fois moins polluante. Une augmentation de cet impôt pourrait même rendre rentable la recherche d'énergies de substitution non polluantes.

Exemples d'impôts négatifs.

Ce sont des impôts, généralement idéologiques très prisés par la gauche et aussi de la droite, sorte de frère jumeau de la gauche, qui coûtent plus cher qu'ils ne rapportent, et détériorent gravement l'économie. Ils sont en général très prisés des parlementaires toutes tendances confondues pour leur aspect à la fois «négatif» et «populaire».

L'ISF ou Impôt de Solidarité sur la Fortune.

Cet impôt a été institué par le premier ministre Laurent Fabius. Cet impôt taxe tous les Français dont le patrimoine dépasse une certaine valeur. Pour calculer cet impôt, tous les biens sont comptés sauf les tableaux de maîtres. Il se trouve que Laurent Fabius est l'héritier d'une importante collection de tableaux de maîtres. Une heureuse coïncidence sans doute. Cet impôt rapporte à peine deux milliards par an et en coûte peut être autant à le collecter. On a estimé par contre qu'il faisait fuir à l'étranger plus de cinquante milliards par an. Le président Chirac nous a dit à la télévision qu'il tenait beaucoup à cet impôt. Le président Chirac a été communiste dans sa jeunesse. Il n'est plus communiste aujourd'hui, mais sa réaction montre qu'il serait toujours resté «**sérocommuniste**».

Les capitaux Français partent s'abriter dans des pays accueillants, la Suisse entre autres, qui bénissent la gauche Française pour cet afflux de richesses chez eux. Capitaux qui s'investissent en partie dans la production de biens et produits dont beaucoup sont revendus en France. Cet impôt non seulement appauvrit la France, mais y accroît le chômage. La plupart des vedettes du sport, du spectacle ou des affaires qui ont réussi continuent à gagner leur argent en France et vont le dépenser à l'étranger où ils sont partis vivre à l'abri de l'ISF et autres impôts. S'ils étaient restés en France, ils auraient certainement créé des emplois. Cet impôt sur les «riches», ce sont surtout les moins riches qui le paient. «Quand on met un impôt sur les vaches, ce ne sont pas les vaches qui paient l'impôt».

Les taxes sur les successions.

Un des fondements de la démocratie, c'est le droit «**inaliénable de la propriété privée**», comme le dit la constitution. Cela veut dire que lorsque l'on s'est acheté un bien et que l'on a payé ses impôts, ce bien vous appartient et personne n'a le droit de vous le reprendre.

On peut en faire ce qu'on veut et le transmettre quand on veut, à qui on veut.

Dans un système totalitaire, en général de type marxiste, c'est l'état qui est propriétaire de tout, qui peut prêter, donner ou reprendre. Tout ce qu'on gagne appartient à l'état. L'actrice et écrivain de talent Annie Duperrey, interrogée à la télévision sur ses relations avec les impôts répondit: «Je suis consciente que tout ce que j'ai et que je gagne ne m'appartient pas à moi, mais à l'état et je vis avec les miettes qu'il me laisse». On ne pouvait donner une meilleure définition d'un état totalitaire qui opère derrière une façade démocratique. Un étranger peut acheter la France entière, elle lui appartiendra à lui et ses héritiers à condition d'être étranger et de résider à l'étranger.

L'IRPP ou Impôt sur le Revenu des Personnes Physiques.

80% de cet impôt est payé par 20% des contribuables. C'est une belle illustration de la classique règle des « **20-80**». Si on étend maintenant cette règle aux 20% qui paient 80% de l'impôt, on peut dire que ce sont cinq pour cent des Français qui paient quatre vingt pour cent de cet impôt, donc essentiellement les décideurs dont les initiatives créent les emplois.

Ce que cet impôt rapporte.

A peine quelques points de TVA. Très peu, si peu qu'on pourrait facilement s'en passer.

Ce que cet impôt coûte.

D'abord à payer les intérêts de la dette pharaonique de l'état. Ensuite les exemples du chapitre 1 montrent clairement que tous ces employeurs qui auraient pu créer des emplois, ont dû licencier alors qu'ils avaient du travail pour embaucher, parce que cet impôt leur reprenait tout ce qu'ils avaient gagné en embauchant, et pouvait même risquer de leur faire perdre leur entreprise s'ils voulaient prendre le travail qui leur était offert et embaucher encore. On sait ce que rapporte l'IRPP: deux à trois points de TVA, presque rien.

On va évaluer le coût de cet impôt idéologique.

On peut maintenant le faire à partir des exemples du chapitre 1 et des conclusions qu'ils induisent:

-Cinq millions de chômeurs.

-Plus de cinq millions de pauvres.

-Cinq cent mille emplois détruits chaque année pendant plus de trente ans. Pendant ce même temps, l'Angleterre créait cinq cent mille emplois par an et l'Amérique avait crée soixante millions d'emplois. Les courbes de LAFFER, figures 1 et 3 illustrent bien la situation de la France face à tous **ses impôts négatifs.**

Maintenant on peut se demander ce que pourrait être l'économie Française débarrassée de ces impôts négatifs, idéologiques et venimeux qui bloquent tous les centres nerveux de décision économique comme le ferait le venin d'un serpent venimeux. Des faits, rien que des faits, et les faits sont têtus comme disait Vladimir Ilitch Oulianov dit Lénine.

Premier fait.

Lorsque Ronald Reagan a été élu gouverneur de la Californie en 1968, il a trouvé un état gangréné par le chômage, les impôts et une fonction publique pléthoriques. Dans un état semblable à l'état chronique de la France. Ronald Reagan qui n'était ni énarque, ni polytechnicien, mais acteur de cinéma, savait s'entourer et écouter. Il n'était pas autiste comme un Giscard, lui-même énarque et polytechnicien.

Conseillé par l'économiste LAFFER, il a tout de suite licencié les fonctionnaires, réduit les impôts et les dépenses. Deux ans plus tard, la Californie, ce petit état d'à peine vingt cinq millions d'habitants était devenu la cinquième puissance économique mondiale, une sorte de paradis Suisse aux États Unis.

Cela prouve que le redressement d'une nation pragmatique, qui n'est pas empoisonnée par des venins idéologiques, peut se faire en moins de deux ans.

Second fait.

-1995. Énorme défaite électorale la gauche à cause de la montée du chômage et succès triomphal de la droite. Après les illusions, la déception six mois plus tard comme d'habitude, quand l'électeur finit par comprendre qu'en votant à droite, il avait élu la même gauche, mais derrière un masque étiqueté «droite».

Alain JUPPE est nommé premier ministre et enchaîne aussitôt les **«plans emploi»** les uns après les autres, sans pour autant toucher aux véritables causes du chômage. Le chômage, indifférent aux gesticulations de cet énarque normalien premier ministre continue paisiblement son irrésistible ascension.

-1997. Juppé, pas avare d'idées de génie, provoque des élections législatives anticipées sanctionnées par une énorme défaite électorale de la «droiche». Succès triomphal de la gauche pour les mêmes raisons symétriques que sa défaite électorale deux ans plus tôt, suivi des mêmes illusions. Jospin devient premier ministre. Stupeur! Les illusions deviennent réalités et le chômage se met à décroître pendant deux ans. Du jamais vu depuis un demi siècle! Juppé affirme que c'est dû uniquement aux bons chiffres de la croissance mondiale réapparue et Jospin affirme que c'est seulement le résultat de sa bonne gestion. L'optimisme a commencé à revenir en France, d'abord prudemment, puis pour de bon. L'optimisme une fois revenu vraiment après deux ans, le chômage s'est stabilisé, puis a repris sa croissance habituelle avec la même vitesse de croisière qu'auparavant. Jospin a alors affirmé que

c'était dû à une croissance mondiale insuffisante et Juppé que la crise avait pour cause la mauvaise gestion du premier ministre Jospin.
Explication.
Peu de temps avant de perdre les élections de 1997, le premier ministre Alain Juppé avait baissé le plafond de l'IRPP de 75% à moins de 50%. Cela veut dire que le cadre décideur qui était augmenté de 100 devait rendre 75 aux impôts et il lui restait 25. Après cette mesure, il lui restait 50, soit le double. Instantanément, un certain nombre d'embauches qui n'étaient plus rentables pour les décideurs avant cette mesure le sont redevenues et les décideurs se sont remis à embaucher puisque cela leur faisait gagner un argent qu'ils n'étaient pas contraints de rendre en totalité aux impôts (exemples 1-1 etc.). Ces nouveaux emplois ont crée de nouveaux consommateurs qui ont crée de nouveaux emplois à leur tour. Tous les nouveaux emplois rentables ont été **pourvus en deux ans**, il ne restait plus que les emplois non rentables, (à cause des impôts), disponibles, et le chômage a alors repris sa croissance normale.

Les seuls acteurs économiques qui n'ont rien compris au phénomène qu'ils ont eux-mêmes provoqué sont les deux énarques premier ministres Jospin et Juppé.

Cela appelle deux réflexions:
- 1) Si Juppé avait pris cette bonne décision en 1995, et non en 1997, c'est lui qui aurait profité de la situation et non Jospin et il serait resté au pouvoir après 1997 sans ses élections anticipées. Alors Juppé serait-il idiot ? Aurait-il atteint son niveau d'incompétence (principe de Peter) comme premier ministre?
- 2) Est ce que la droite roule pour la gauche et réciproquement? Cela pourrait expliquer les alternances gauche-droite-gauche etc.. à répétition. Nous vous

conseillons la lecture de l'excellent livre qui les explique très bien «Que le meilleur perde». Si je devais choisir entre ces deux explications, je dirais sans hésiter : «Les deux mon capitaine!». Tout comme pour le premier fait, les conséquences de cette bonne mesure se sont fait sentir instantanément et la nouvelle situation engendrée s'est définitivement installée en deux ans

Troisième fait.

Avril 2002, fiasco historique de la gauche, avec «Iznogood Jospin» qui se voyait déjà Calife à la place du Calife. Re, re, re défaite électorale de la gauche causée par la montée du chômage. La droite re, re, revient triomphalement au pouvoir entrainant son cortège d'illusions précédent les désillusions à re, re, re, venir. L'alternance fonctionne normalement. Tout comme Juppé en 1997, Jospin a attendu la veille de sa défaite électorale de 2002 pour prendre une mesure intelligente qui allait servir la France. Il faut lire le livre: «Que le meilleur perde». Peu de temps avant sa défaite électorale, le premier ministre Jospin avait pris une mesure intelligente et efficace (l'erreur est humaine) et d'un libéralisme tel que la droite n'aurait jamais osé. Il a passé de 50% à 72% l'abattement fiscal sur les loueurs en meublé.

Explication.

Supposons un propriétaire qui loue son appartement en contrat de location **«vide»** et touche un loyer annuel de 20.000€. S'il a d'autres revenus et que sa dernière tranche d'imposition le place à 50%, il lui reste donc 10.000€ de sa location.

Supposons maintenant qu'il loue le même appartement, au même prix, mais cette fois en contrat de location «meublé». Après abattement de 72%, il sera imposé sur: 20.000 − (20.000*0,72) = 5.600€.

Imposé sur 5.600€ au lieu de 20.000, son taux d'imposition sera réduit, peut-être à 30% du fait de la réduction de ses revenus. Il est alors frappé sur son bien d'un impôt de: 5.600*0,3 = 1.680€ au lieu des 10.000€ précédents.. Il lui reste donc: 20.000-1.680 = 18.320€ au lieu de 10.000€.

En fait les locations meublées se louent plus cher que les locations vides et le propriétaire pourra gagner plus de 20.000€ en location meublée au lieu de 10.000€ en location vide.

Le résultat de cette bonne mesure prise par Jospin a été immédiat. Depuis plus de trente ans, il y avait pénurie d'appartements à louer. Même avec de l'argent on ne trouvait pas. Beaucoup de propriétaires préféraient laisser leur appartement se dégrader vide que de le louer pour juste couvrir les frais et risquer de se voir déposséder de leur bien par des locataires systématiquement protégés par une justice de gauche. Avec cette nouvelle loi qui rendait la location meublée rentable, beaucoup d'appartements ont été meublés par leurs propriétaires et mis en location. De plus, cela a incité à construire et relancé l'industrie du bâtiment.

A partir de 2005, la crise du logement a commencé à s'atténuer et l'on a pu voir, en parcourant la campagne Française, des chambres d'hôtes s'ouvrir partout.

Pression Fiscale et pouvoir d'achat.

Le *chiffre officiel* des «prélèvements obligatoires» est 47,6% selon l'INSEE. Déjà avec ce chiffre la France passe devant la Suède qui était le pays le plus imposé du monde.

Mais la Suède *socialiste* n'a ni chômeurs, ni pauvres et vient de se délester de plus de 75% de sa fonction publique en licenciant purement et simplement les trois quarts de ses fonctionnaires. Dans le même temps la France a accru le nombre de ses fonctionnaires.

La France détient aujourd'hui le record mondial, dans les pays occidentaux, des impôts, du chômage, des pauvres et du poids de la fonction publique. Alain **M**adelin nous disait que **le chiffre vrai** des prélèvements obligatoires est évalué à plus de 75%. Avec ce chiffre, la France laisse la Suède loin derrière. En dépit des apparences, ces deux chiffres 47,6% et 75% sont proches de la vérité tous les deux. La distinction est seulement de caractère sémantique. Il suffit de s'entendre sur la signification des termes employés.

L'impôt sur les cartes grises, par exemple n'entre pas dans la catégorie des «prélèvements obligatoires», c'est bien un prélèvement fiscal, mais il n'est pas obligatoire. On n'est pas obligé de posséder une voiture. De même l'impôt de plus de 75% sur les carburants n'entre pas dans la catégorie des prélèvements obligatoires, on n'est pas obligé de rouler.

L'oxygène que l'on respire n'est pas encore taxé, mais quand il le sera, bientôt peut-être, ce ne sera pas un «prélèvement obligatoire», on n'est pas obligé de respirer. Le but politique de cette manipulation des chiffres n'est pas de donner une indication sur une situation réelle, mais d'aboutir à un chiffre officiel inférieur à un certain seuil psychologique, 50% dans le cas présent.

On peut faire confiance à Mr Madelin ancien ministre, mais on va tout de même vérifier ce «plus de 75%».

Pour calculer cet impôt, nous adopterons le sens de Mr Madelin qui est aussi le sens commun dans la langue de Voltaire, lequel n'était pas énarque ni même polytechnicien: le taux de l'imposition, c'est la part de revenus prélevée par l'état.

Plutôt que de se servir des statistiques auxquelles on peut faire dire ce que l'on veut, on va utiliser les faits.

Après les évènements de septembre 2002, on a beaucoup vu les pompiers New Yorkais à la télévision. Un pompier New Yorkais disait à la caméra: «Venez chez nous à New York, on embauche à 20.000francs par mois et on touche 40.000francs après deux ans de service (environ 7.000€ d'aujourd'hui). Ensuite, on peut prendre sa retraite après vingt ans de service. Le présentateur a ajouté que l'on ne voyait pas beaucoup de pompiers reprendre du service après vingt ans et nous a montré un Français pompier New yorkais qui semblait très satisfait de son sort. Cela prouve que leur retraite correspond à leur niveau de vie après vingt années de service.

A peu de temps de là, la télévision nous a montré un Français: «Je suis pompier Parisien depuis dix ans et je gagne treize mille francs net par mois». Il faut préciser que lorsqu'un Américain touche un salaire, c'est net et c'est ce qu'il peut dépenser car tous ses impôts sont prélevés à la source. Le pompier Français devra payer son impôt sur le revenu, sa taxe foncière, sa taxe d'habitation, sa taxe audiovisuelle etc. et il n'en a pas fini avec 75% de taxe sur les carburants. Bref il lui reste moins de 10.000 francs net après impôt, comparé aux 40.000 francs que gagne son homologue Américain.

Estimation de la pression fiscale.

Le pompier Américain a un pouvoir d'achat quatre fois supérieur à celui de son collègue Français et travaille deux fois moins longtemps puisque la retraite du Français est au bout de quarante ans et plus encore bientôt.

Le travail du pompier Américain est donc huit fois mieux rémunéré que celui de son collègue Français.

Le taux des prélèvements Américains est 30% et c'est vrai car c'est une démocratie qui ne trafique pas les chiffres comme les états totalitaires. Cela peut d'ailleurs facilement se vérifier.

Cela veut dire que lorsque le pompier Américain gagne 100, il lui reste 70 net de pouvoir d'achat.

Comme le pompier Français est huit fois moins rémunéré, il lui reste dans les mêmes conditions : 70/8=9 et **donc l'état Français a prélevé 100-9 = 91%** et encore on n'a pas tenu compte des retraites dans ce calcul. Comme ce calcul est très approximatif, nous retiendrons une valeur moyenne de 80% intermédiaire entre l'estimation de 75% de Mr Madelin et la notre 91%.

Avec cette valeur moyenne affaiblie, on est certain de sous estimer la valeur de la pression fiscale. C'est cette valeur de 80% que nous avons reportée en figure 1 au chapitre 1. Affiner ce calcul ne présenterait aucun intérêt. Ce chiffre est tellement énorme et stupéfiant que quelques points de plus ou de moins ne changeraient rien au constat.

Conclusions.

Ces trois exemples précédents permettent de tirer plusieurs conclusions.

- Quand le travail est sanctionné et ne rapporte plus rien, plus personne ne travaille ni n'embauche et c'est le chômage et la précarité qui s'installent.
- Quand le travail rapporte et que ce que l'on gagne n'est pas confisqué, tout le monde se met au travail et la prospérité s'installe.
- On constate sur les trois faits précédents que quand une bonne mesure est prise:
- Les effets se font sentir tout de suite.
- Une nouvelle économie s'installe progressivement et se stabilise en moins de deux ans.

Chapitre 5

Nuisibles et catastrophiques, les parlementaires qui gouvernent la France.

La règle des trois alternatives, ou le choix systématique des remèdes pires que le mal.

Lorsque le gouvernement se trouve confronté à un problème, se présentent en général plusieurs possibilités parmi lesquelles se trouvent au moins une bonne solution rentable et une mauvaise solution coûteuse.

- On constate que le gouvernement n'adopte jamais la bonne solution rentable, ou s'il l'adopte, c'est par erreur et corrige très vite.

- Adopte rarement la mauvaise solution coûteuse.

-Mais invente généralement une solution tellement inattendue que le remède est bien pire que le mal et ne fait qu'aggraver le problème qu'il fallait solutionner.

Premier exemple: Le RMI.

1- La bonne solution rentable.

Crée pour ne pas laisser sans ressources les demandeurs d'emploi arrivés en fin de droits et leur donner la possibilité au moins de s'habiller proprement pour retrouver un emploi. Un chômeur qui a retrouvé un emploi cesse de coûter au pays et lui rapporte. **C'était la bonne solution rentable**

2- La mauvaise solution coûteuse.

L'état ne peut pas s'en tenir longtemps à une bonne solution. Améliorer le RMI et le rendre plus confortable au point que cela dissuade certains demandeurs d'emploi de rechercher un travail. C'est ce qui s'est produit et la France a glissé progressivement vers:

3-La troisième solution impensable, et qui aggrave le problème.

La solution impensable, retenue par tous les gouvernements successifs de *droiche* UMPS (UM-PS) a été de payer le RMI mieux qu'un travail salarié au SMIG (exemple 1-10). Ce qui a incité certains SMIgards à quitter leur emploi pour devenir ou redevenir RMISTES, mieux payés à rester chez eux plutôt qu'à se déplacer pour aller travailler. Le RMI, crée pour réduire le chômage, a eu ainsi pour effet automatique d'aggraver le chômage.

C'est la solution unanimement adoptée par tous les gouvernements de DROICHE et qui ne fait qu'aggraver le problème.

Second exemple: chômage et retraites.

Nous avons vu que les deux causes du chômage sont:
- La destruction systématique des emplois par les parlementaires élus pour créer des emplois (chapitre 1).
- La productivité croissante des machines qui remplacent le travail des hommes de façon de plus en plus efficace.

Depuis toujours, la pénurie a été la condition de l'homme. Avec la productivité et la production croissantes les besoins de la consommation, qui ne sont pas infinis, ont commencé à être satisfaits à partir des années 1970 et l'abondance de production de biens et services a commencé à remplacer la pénurie.

Le signal de cette nouvelle situation d'abondance, assez nouvelle pour l'humanité, a été l'apparition du chômage, phénomène jusqu'alors inconnu.

Élu en 1974, Giscard n'a pas vu le signal, n'a rien compris et a contribué, en sept ans, à multiplier par trois ou quatre le chômage, qui était inconnu avant lui, pour l'amener à devenir le fléau que nous connaissons aujourd'hui.

La bonne solution.

Surprise ! Elle nous vient des socialistes arrivés au pouvoir en 1981 avec l'élection de François Mitterrand. Les socialistes ont immédiatement réduit la durée du temps de travail de quarante ans à trente sept ans et demi et encouragé les départs anticipés en retraite.

C'était la bonne solution, dont j'ai personnellement profité!

La mauvaise solution.

Elle nous vient sans surprise des mêmes socialistes. Les mesures précédentes exigeaient une gestion rigoureuse et sans aucun gaspillage.

- **Ce qu'il fallait faire** (voir figure 1, la courbe de LAFFER) :

- 1) Suppression du chômage par la réduction des impôts et des charges des entreprises.

- 2) Réduction des gaspillages et des dépenses inutiles, ce qui automatiquement aurait eu pour effet d'augmenter les ressources de l'état.

- **Ce qui a été fait:**

-1) Augmentation du chômage, conséquence des augmentations de charges et d'impôts

-2) Des armées de chômeurs ont été transformées en armées de fonctionnaires qui ont continué la même «*activité*!» dans la fonction publique.

- 3) Dépenses pharaoniques du président Mitterrand qui ont réduit les ressources de l'état.

La solution impensable, inimaginable, mais la plus sûre pour accroître le chômage et la précarité.

On ne l'aurait pas cru possible, mais pourtant, Chirac, Raffarin, Sarkozy, Villepin ont tous travaillé ensemble, c'est même la seule fois que je les vus s'entendre tous ensemble, pour arriver à cette solution effarante. Ils ont porté de trente sept à quarante ans la durée minimale du travail et parlent aujourd'hui de la porter à quarante et un puis quarante deux ans et plus, et amener à plus de soixante cinq ans l'âge de départ en retraite.

Avec l'augmentation constante de la productivité, cela va diminuer le nombre de travailleurs nécessaires à une même production, et augmenter automatiquement la durée du chômage, réduire les rentrées fiscales, et par conséquent augmenter encore l'âge de la retraite pour réduire les paiements de retraite, ce qui va **ré a**ugmenter automatiquement la durée du chômage, **re** réduire les rentrées fiscales etc. Le cycle infernal est en train de s'enclencher. Nicolas Sarkozy n'aurait rien compris, comme tous ses prédécesseurs présidents de la république, depuis DE GAULLE.

Troisième fait.

En juin 2009 les autorités sanitaires ont informé de la possibilité imminente d'une pandémie de grippe A de type H1N1.

La bonne solution.

Le gouvernement, Roseline Bachelot était alors ministre de la santé, a aussitôt appliqué le principe de précaution en commandant immédiatement des quantités de vaccin largement suffisantes pour vacciner toute la France et même au-delà. Dans ces cas-là mieux vaut en faire trop que pas assez.

Les plus hautes autorités scientifiques et sanitaires ont lourdement insisté auprès du gouvernement pour que la vaccination soit confiée aux personnels de santé compétents, médecins, infirmières, hôpitaux etc., seuls compétents pour faire face à cet afflux de vaccinations

C'était la bonne solution.

L'impensable, l'inimaginable.

C'était sans compter sur cette fameuse «**imagination au pouvoir**». Le gouvernement de Mme Roseline Bachelot a interdit de vacciner aux professionnels de santé dont c'est le métier et qui ont les locaux et les moyens de régler ce problème et a réquisitionné mairies, gymnases et autres lieux publics qui auraient été bien utiles par ces périodes de grand froid pour loger des nécessiteux et des sans-abri.

Le gouvernement a aussitôt réquisitionné les internes des hôpitaux, ajoutant ainsi la pagaille dans les hôpitaux privés d'internes à la pagaille générale déjà bien engagée.

RE La bonne solution.

Courant janvier 2010, le gouvernement s'est enfin rendu aux arguments des professionnels de santé, les autorisant enfin à vacciner, au moment où la grippe A venait de disparaître toute seule.

Le bilan.

Quelques centaines de Français sont décédés de la grippe A faute de n'avoir pu être vaccinés à temps. C'aurait pu être plus catastrophique si la grippe A s'était transformée en pandémie.

Conclusion. Exception à la règle de trois

Dans ce cas précis, le gouvernement a enfin adopté la bonne solution, mais quand c'était top tard parce que le problème avait disparu de lui-même et cette décision s'est montrée aussi efficace qu'un thermocautère sur une jambe de bois.

Promesses et réalités.

« **Les promesses des parlementaires n'engagent que ceux qui les écoutent.** » Charles PASQUA.

Les promesses.

Dans les années cinquante, quand j'ai voté pour la première fois de ma vie, les socialistes avaient promis de ramener de dix huit mois à douze mois la durée du service militaire et j'ai voté socialiste.

Les réalités.

Les socialistes ont gagné les élections et j'ai fait trente mois de service militaire.

Ce n'était pas pour cela que j'avais voté, il devait y avoir un malentendu.
Les promesses.
En 1974 pendant la campagne présidentielle de Valéry Giscard D'Estaing, le candidat Giscard avait dit: «Le taux des prélèvements obligatoires est 34%, c'est excessif, à 37% ce sera le socialisme», et c'est pour réduire les impôts que j'ai voté pour lui. Giscard est au moins l'inventeur de l'échelle à mesurer le taux de socialisme dissous dans la société.
Les réalités.
Sept ans plus tard en 1981 le taux officiel des prélèvements obligatoires était passé de 34% à 41%, soit un point de socialisme de plus par an.
Les prélèvements obligatoires sont passés de 41% à 44%, soit un point de plus de socialisme tous les quatre ans sous le règne du président socialiste François Mitterrand.
Valéry Giscard d'Estaing, de droite, aura donc été quatre fois plus socialiste que Mitterrand de gauche, mesuré sur l'échelle de Giscard.
Ce n'était pas pour cela que j'avais voté, il devait y avoir un malentendu.
Les promesses.
Pendant sa campagne présidentielle de 1981, le candidat Mitterrand a affirmé: «Il y a un million de chômeurs, si je suis élu, il n'y aura plus un seul chômeur dans deux ans ».
Les réalités.
En 1988, lors de la campagne présidentielle suivante, il y avait deux millions de chômeurs, le double, et Mitterrand était réélu confortablement.
« **Les promesses des parlementaires n'engagent que ceux qui les écoutent.** » Charles PASQUA.
Les promesses.

Après le scandale du Crédit Lyonnais, le ministre des finances de l'époque, Alphandéry, a affirmé sur les médias que la dette du Crédit Lyonnais ne coûterait rien au contribuable.
Les réalités.
Dix ans plus tard, le contribuable a déjà payé pour la faillite du crédit Lyonnais le prix d'un tunnel sous la Manche, ou de quatre sous marins nucléaires. Si l'on ajoute le fiasco de France télécom, cela fait deux tunnels sous la Manche. ou bien quinze années du budget de la NASA, soit quinze fois le prix de l'envoi d'un homme sur la Lune.
Ce n'était pas pour les socialistes que j'avais voté, mais tout de même il devait y avoir un malentendu.
Les promesses.
Le candidat Chirac pendant sa campagne électorale de 1995: « Trop d'impôts tuent l'impôt (voir la «courbe de LAFFER» et c'est pour cela que j'avais voté.
Les réalités.
Le nouveau premier ministre Alain Juppé aussitôt fait pleuvoir une avalanche d'augmentation d'impôts.
Ce n'était pas pour cela que j'avais voté, il devait y avoir un malentendu.
Les promesses.
Le candidat Chirac pendant sa campagne présidentielle de 1995 «Il faut supprimer cet impôt paperasse inutile qui étouffe les entreprises» et c'est pour cela que j'ai voté .
Les réalités.
Le nouveau premier ministre Alain Juppé a aussitôt remplacé la marée blanche de la paperasse par un véritable raz de marée blanche, un tsunami administratif.
Ce n'était pas pour cela que j'avais voté, il devait y avoir un malentendu.
Les promesses.

Le candidat Chirac pendant sa campagne présidentielle de 1995: «L'impôt sur les droits de succession coûte à la France au moins cinquante mille suppressions d'emploi chaque année en contraignant l'héritier d'une entreprise à démanteler l'entreprise, licencier le personnel afin de vendre cette entreprise à la casse pour pouvoir payer les droits de succession».

Les réalités.

Vu à la télévision. Un important laboratoire pharmaceutique avait été crée par un homme et son épouse. Cette dernière, devenue veuve dut vendre son entreprise à un groupe Américain pour payer les droits de succession. Et c'est ainsi que la sécurité sociale Française paie des médicaments à un groupe Américain et finance les fonds de pension Américains. Après douze années de Chiraquie, rien n'a changé. C'est donc consciemment et volontairement que le Président de la République aurait fait détruire plus de six cent mille emplois en douze ans.

Les promesses.

Les parlementaires ne cessent de répéter aux entreprises qu'il faut embaucher et c'est pour cela que j'ai voté.

Les réalités.

Les exemples 1-1 à 1-6 montrent les pièges tendus par l'administration fiscale et qui attendent les entrepreneurs étourdis qui embauchent parce qu'ils ont du travail, alors qu'en France, c'est là qu'il faut licencier, et croient ce que les parlementaires leur disent.

Ce n'était pas pour cela que j'avais voté, il devait y avoir un malentendu.

Les promesses.

Ils disent aux demandeurs d'emploi «Il ne faut pas rester au chômage, il faut vous trouver un emploi» et c'est pour cela que j'ai voté.

Les réalités.
Des exemples comme 1-10 et 1-12 montrent comment un chômage bien géré peut être bien plus rentable et moins fatigant qu'un travail à temps plein.
Ce n'était pas pour cela que j'avais voté, il devait y avoir un malentendu.

Fiascos stories.

Rappelons pour mémoire l'entreprise du secteur public gérée par des énarques et des polytechniciens, «Le Crédit Lyonnais» qui fut en son temps la médaille d'or des fiascos financiers. Aujourd'hui privatisée l'entreprise commence à afficher des bénéfices. Cette médaille d'or des fiascos financiers a été dépassée par l'entreprise publique France Télécom qui a réussi sous le gouvernement socialiste Jospin à perdre plus de soixante dix milliards en un an, soit plus de cinq cent mille francs par employé. Plus de cinq fois le budget annuel de la NASA. Tout comme la partie immergée de l'iceberg, les fiascos les plus importants ne sont pas toujours les plus visibles. Alain Madelin disait un jour, à la télévision: «Un succès comme Microsoft serait rendu impossible en France. Les règlements tatillons de l'administration Française auraient vite fait de briser dans l'œuf cette entreprise dynamique».

On peut le vérifier Mr Madelin!

1- Le système d'exploitation DOS (Disc Operating System) de Microsoft a été le premier système universel commercialisé permettant la manipulation des fichiers et des répertoires sur les disques durs. Ce système très compliqué n'était pas à la portée de tous les amateurs. Le system GEM (Graphic Emulation Monitor) est apparu en France, développé et commercialisé par une société de la région parisienne. Les dossiers et fichiers apparaissaient sur l'écran sous forme d'icones et les opérations sur dossiers et fichiers se faisaient avec la souris. On ouvrait par exemple un dossier avec le «mulot» et on pouvait faire glisser un fichier d'un dossier vers un autre ou le renommer.

Deux ans plus tard apparaissait le système Windows de Microsoft qui équipe aujourd'hui tous les PC dans le monde. Microsoft et General Electric sont les deux premières sociétés au monde. La Société Gem a disparu, sans doute étouffée par les tracasseries administratives Françaises qui assassinent les sociétés Françaises qui n'ont pas saisi la possibilité de s'expatrier.

2 – Le premier microordinateur a été construit en France, par Mr TRAN dans sa cave à GIF sur YVETTE (91190).

C'est la société MICRAL aux ULIS qui l'a développé et commercialisé. C'est seulement deux ans plus tard qu'un Américain s'inspirant du MICRAL Français développait dans son garage un micro ordinateur, l'APPLE commercialisé par la société MAC-INTOSH.

Aujourd'hui, MICRAL a disparu. La société MAC INTOSH, aujourd'hui le premier constructeur mondial d'ordinateurs fait travailler des centaines de milliers de personnes dans le monde.

Conclusion.

Ces deux sociétés Françaises avaient pourtant une avance de près de deux ans sur leurs concurrents, ce qui leur assurait, dans des conditions normales, une quasi certitude de monopole international. Les exemples 1-1, 1-2 etc. montrent comment les tracasseries administratives les auront affaiblies et auront empêché leur développement pour faire une place royale, un boulevard, une autoroute à leurs concurrents étrangers.

Bien vu Mr MADELIN !

Il existe pourtant des entreprises Françaises qui connaissent une brillante réussite mondiale. Le groupe hôtelier Accor crée par deux Français est un des premiers groupes hôteliers mondiaux. Mais c'est certainement leur activité internationale qui leur a peut-être permis d'échapper aux tracasseries administratives Françaises.

L'alternance au pouvoir.

Depuis plus de cinquante ans, la gauche et la droite se partagent le pouvoir avec une alternance d'une ou plusieurs années. Quand le calendrier électoral perturbe cette mécanique bien rodée, c'est la cohabitation qui se charge d'y remédier et la France subit les deux à la fois, la gauche et la droite qui sont un peu comme le pile et le face d'une seule et même médaille que la France porte bien enchainée autour du cou.

La gauche au pouvoir est balayée à la première élection nationale et remplacée par la droite sur qui se reportent les illusions déçues auparavant. La déception suivante sera au rendez-vous moins de six mois après.

Ce qui fait dire à plus d'un Français que gauche et droite, c'est blanc bonnet et bonnet blanc.

L'écrivain, académicien, Maurice DRUON qui fut aussi ministre, l'a bien expliqué dans son livre: «La France aux ordres d'un cadavre». C'est toujours la même pièce qui se joue sur la scène politique Française: «Les commandements de Joseph Staline» imposée par les cinq pour cent de communistes. Ce sont ces deux troupes qui monopolisent la scène à tour de rôle selon les lois du calendrier électoral: **La gauche et la droite.**

La droite joue avec un masque et un faux nez, change le titre de la pièce mais suit le texte fidèlement, plus fidèlement que la gauche qui n'a rien à prouver ni à se justifier auprès de son maître Staline.

Au bout de six mois environ le public commence à douter et à siffler les acteurs. Après un an, le public a déjà oublié le raisons pour lesquelles il a rejeté la gauche et est prêt à la rejeter pour la remplacer par la droite.

Le même ballet se joue depuis près de soixante ans et on voit mal ce qui pourrait empêcher ce manège politique de continuer à tourner en rond aussi longtemps que le défunt Joseph Staline restera l'auteur et réalisateur de la pièce unique qui se joue sur la scène politique Française.

La gauche, la droite c'est quoi ces deux sectes?

On entend beaucoup parler de gauche et de droite. Apparemment la gauche serait une caste supérieure au reste de l'humanité avec ses rites, son jargon, sa presse: « Le monde», «l'humanité ». Ces deux titres sont à eux seuls tout un programme et dévoileraient des ambitions planétaires selon la théorie des Lapsus et des actes manqués de Sigmund FREUD.

Je posai la question à une cousine, éminente intellectuelle de gauche, (Ce sont tous d'éminents intellectuels):«Dis moi Ir….e la gauche c'est quoi?» La réponse fut instantanée: «Si t'as pas compris c'est que tu es de droite». Je n'ai pas la réponse à ma question, mais j'ai au moins appris une chose, je suis de droite.

J'en ai déduit que si la gauche est une caste supérieure réservée à une élite, une sorte de race supérieure, la droite, c'est donc le reste inférieur de l'humanité. Je reposai la même question à un représentant des «Radicaux de Gauche» qui me semblait tout de même un peu illuminé. Réponse: «La gauche ça ne s'explique pas, ça se sent dans les tripes! (authentique). Et puisque tous ces éminents intellectuels de gauche ne veulent pas (ou ne peuvent pas) me faire partager leur science, on va rechercher la vérité dans les faits. Et les faits sont têtus comme disait Vladimir Ilitch Oulianov dit Lénine, auteur du génocide de l'Ukraine (six millions de morts de faim, Lénine leur a confisqué leur blé) et idole des intellectuels de gauche.

1789.

Le roi Louis XVI convoque les représentants des états généraux constitués par les trois corps d'état: La noblesse, le Clergé et le Tiers État.

La noblesse et le Clergé bénéficiaient de privilèges considérables et ne payaient pas l'impôt. Le tiers état avait droit à toutes les corvées, payait tous les impôts, ne connaissait que du travail, de la misère, des servitudes et du mépris.

Les représentants du Tiers État siégeaient à la gauche de l'assemblée nationale, alors que les représentants des classes privilégiées siégeaient à la droite. De là vient le terme de la «gauche» qui était constituée par les représentants des classes défavorisées.

1792.

De l'eau a coulé sous les ponts et beaucoup de sang avec. C'est le régime de la «Terreur», le roi Louis XVI a été guillotiné. La gauche triomphante occupe maintenant toute l'assemblée. Ce sont des Marat, des Colot d'Herbois, des Robespierre qui la président. L'invention de l'abbé Guillotin, les guillotines, se répandent dans toute la France et fonctionnent sans relâche. Les «tribunaux du peuple» condamnent sans jugement pour gagner du temps. Des colonnes de charrettes amènent les supplicié(e)s aux échafauds dressés sur les places publiques.

Une partie de la «droite» est déjà guillotinée, l'autre partie, en prison attend son tour. Ceux qui en ont eu la possibilité se sont enfuis à l'étranger.

Le général Thureau est mandaté par la «gauche» pour ramener l'ordre dans la Vendée catholique et résistante à l'idéologie de la gauche. A la tête de ses «colonnes infernales» **de gauche** il enfermait les villageois dans des églises avant d'y mettre le feu. Des «Oradour sur Glane» par dizaines. Les nazis n'ont rien inventé. Parfois les enfants étaient séparés de leurs parents pour être grillés dans des fours de boulanger.

Les premiers «fours crématoires» artisanaux. La France commémore chaque année le martyre d'Oradour sur Glane commis par les nazis mais reste très discrète sur les dizaines d' Oradour sur Glane commis en France par les soldats de la gauche républicaine pendant la répression de la Vendée.

Aujourd'hui, chacun peut vérifier que le général Thureau, «de gauche», cet Hitler Français de la Vendée, a son nom gravé sur la pierre de l'arc de triomphe place de l'Etoile à Paris, au dessus de la flamme au soldat inconnu, à côté des noms des grands humanistes qui ont fait comme lui la grandeur de la République Française.

La Gauche de nos jours.

Joseph Staline, le «Petit père des peuples» a toujours été une idole pour le «peuple de gauche». On sait, notamment par des gens courageux comme Soljenitsyne, qu'il fut avec Hitler et Mao Tsé Tung un des pires bourreaux criminels de l'humanité.

Lénine, la référence à penser des intellectuels de Gauche a dit «Si pour installer le communisme il faut exterminer 90% de l'humanité, alors il ne faut pas hésiter». Il n'a pas hésité à faire périr de faim, en leur volant leur blé, six millions d'Ukrainiens pour les convertir au communisme. Les charrettes de cadavres squelettiques d'Ukrainiens morts de faim dans les années vingt ressemblent à s'y méprendre aux images du Ghetto de Varsovie pendant la seconde guerre mondiale.

Lorsque les armées allemandes sont arrivées à Paris en 1940, les communistes les ont accueillies en disant: «Le **camarade** Hitler va nous apporter le socialisme en France». Ces paroles du parti communiste valent bien un certificat de conformité de gauche. Hitler et son «parti national socialiste ouvrier», et sa SHOAH étaient bien de gauche.

Le pacte Germano soviétique signé entre Staline et Hitler était bien une «union des Gauches» avant de devenir la «guerre des gauches» avec l'invasion de la Russie par les armées Allemandes, l'opération BARBAROSSA.

Mussolini était socialiste et le fascisme formé par l'axe Berlin Rome était bien de gauche. Le marxiste Pol Pot qui avait exterminé par la torture à partir de 1974 le quart du paisible Cambodge avait été salué par Georges Marchais, de gauche comme lui, comme le libérateur du Cambodge. Le génocide du Cambodge porte bien le label de la gauche. Salvador Allende du Chili fut une idole et un modèle économique pour son ami François Mitterrand et pour toute la gauche. En un an il a réussi 300% d'inflation et ruiné un pays que le général Pinochet a ensuite sauvé de la faillite, redressé et ramené à la démocratie. Il lui a bien fallu pour cela faire disparaitre quelques dizaines d'incendiaires de gauche. Un moindre mal comparé à tous les génocides qui ont suivi la plupart des prises de pouvoir de la gauche.

La gauche Française et l'antisémitisme.
Exemple 5-1.

De retour à Paris en 1945, ma mère avait pris une employée de maison. Cette «bonne Léontine» un peu simplette nous quittait un peu plus tôt le jeudi pout suivre ses cours de formation au parti communiste.

Un vendredi matin, Léontine arrive catastrophée et explique à ma mère stupéfaite: « Madame, le parti vient de nous dire que le jour du grand soir c'est pour bientôt. Le parti communiste va finir d'exterminer les juifs qu'Hitler a laissés en vie. J'ai alors dit au parti que j'avais de bons patrons juifs. Vous n'avez rien à craindre, le parti vous épargnera et j'aurai le droit de vous cacher dans ma chambre. Ce n'est pas grand, mais on se serrera »

Dans les années 1945 je me souviens d'avoir vu affichées sur les murs de Paris les mêmes caricatures antisémites que pendant la guerre. Cela ne venait plus de la propagande Nazie, mais de la CGT.

Exemple 5-2.

J'avais un ami militant communiste et juif qui me disait: «L'antisémitisme c'est le socialisme du pauvre. Je ne suis pas antisémite, je suis antisioniste ».

Tout le monde pouvait être antisémite, sauf un juif, évidemment. La discrimination n'est pas démocratique. La gauche démocratique a alors inventé **l'antisionisme** et depuis cette invention de la gauche, tout le monde peut être antisémite, même un juif. Jusqu'au jour où Luc Ferry, alors ministre de l'Éducation Nationale a condamné l'antisémitisme et affirmé que l'antisionisme est un masque sur l'antisémitisme. Il n'est pas resté ministre longtemps. La gauche vient alors d'inventer l'anti-Sharonisme. Ce tout nouveau masque sur l'antisémitisme est plus opaque que l'antisionisme déjà un peu usé. Mais il y a tout de même un progrès. Si l'antisémitisme existe toujours, il doit aujourd'hui avancer masqué, et si au fil du temps l'antisémitisme n'a pas trop fondu, il s'est surtout déplacé politiquement de la droite vers la gauche et géographiquement de l'Europe vers un Islam qui a toutes les sympathies de la gauche, au point de se confondre un peu avec la gauche. Antisémitisme et antiaméricanisme cohabitent toujours, en particulier, à gauche et en Islam.

Exemple 5-3.

Un ami, ancien parlementaire, me disait, au temps où Joxe était ministre de l'intérieur: «Après l'échec du montage, par le gouvernement Mitterrand, de la profanation du cimetière juif de Carpentras, Joxe a mis au point un nouveau truc qui devait faire du bruit une fois révélé au public. Il a fait faire un sondage pour mesurer le taux **d'antisémitisme dans les partis politiques.** Ce sondage aurait révélé que l'antisémitisme serait à peu près le même dans tous les partis politiques, environ 20%, y compris au Front National, ni plus ni moins antisémite que les autres partis politiques, dans la moyenne nationale. Seul le parti communiste, de gauche, est apparu vraiment antisémite à plus de 80%. Ce sondage qui devait faire tant de bruit est malheureusement resté confidentiel.

Le Fascisme c'est quoi?

La notion de fascisme est apparue avec le «duce» Benito Mussolini. Il semblerait qu'il faisait allusion aux faisceaux des licteurs de la Rome antique. Le terme aujourd'hui a pris une tout autre signification. C'est cette nouvelle signification que nous allons dégager et voir à partir de cette signification qui est fasciste et qui ne l'est pas.

Nous dirons qu'un peuple est démocratique s'il admet une coexistence pacifique avec les autres peuples. Bref, s'il admet le droit à la différence. Il y a les gitans pour qui les autres sont les « gadjos». Il y a les juifs pour qui les non juifs sont les «goys», mais admettent ces différences sans les contester.

Les peuples qui sont dits «fascistes» n'admettent pas le droit à la différence. Lénine, idole de la gauche a dit: «S'il faut exterminer 90% de la l'humanité pour imposer le communisme, alors, il ne faut pas hésiter». Selon cette phrase, la gauche apparaît comme un fascisme puisque sa plus importante idole est un fasciste. L'église catholique qui pendant quinze siècles a séparé le monde en deux, les fidèles et le hérétiques et obligeait les hérétiques à se convertir ou être brulés sur des buchers a été un fascisme jusqu'à l'arrivée du nouveau pape Jean Paul 2 qui a reconnu les droits à la différence des autres religions.

Le prophète de l'Islam a dit «Si tu as un ami infidèle garde-le. Si dans deux mois il ne s'est pas converti, tue le». L'Islam est un fascisme. On constate que tous les fascismes sont de gauche, cette gauche qui accuse tous les autres, c'est-à-dire la droite d'être fasciste. On peut maintenant conclure sur la gauche.

Conclusions sur la gauche.

Les grandes figures de la gauche:

1792-Le général Thureau et ses «colonnes infernales» qui enfermaient dans des églises les villageois avant d'y mettre le feu. Hitler, de gauche lui-même, n'avait rien inventé.

1920 – Lénine, maître à penser de la gauche qui a provoqué l'extermination, en les affamant, de plus de six millions d'Ukrainiens. Après 1940 – Hitler, Staline, Mao Tsé Toung. Un palmarès de plus de cinquante millions de morts pour chacune de ces grandes figures de la gauche.

1974 – Le Marxiste Pol Pot qui a exterminé par la famine et par la torture plus du quart du paisible peuple Cambodgien, avant de ruiner et affamer son pays avec une économie Marxiste. POL POT avait étudié l'économie en France et avait eu Raymond BARRE, notre ministre des finances, comme professeur.

Après le tragique, on peut citer le comique, Georges Marchais, qui faisait rire les enfants, encore plus que ne le faisait Coluche, avec ses grimaces et ses mimiques.

Les réussites économiques de la Gauche.

- L'économie soviétique qui a ruiné ce pays pendant plus de soixante dix ans.
- L'économie chinoise du temps de Mao Tsé Toung qui a ruiné et affamé son peuple.
- Les économies du Viet Nam et du Cambodge avec Pol Pot comme économiste.
- Le bref passage de Salvador Allende au Chili qui a suffi à ruiner ce pays en quelques mois.
- La Corée du Nord où l'on meurt encore de faim alors que la Corée du Sud démocratique et capitaliste de droite est une économie prospère. Aujourd'hui, il ne reste plus que la Corée du Nord et la France où règnent encore les fossiles des dinosaures de gauche.

La Corée du Nord va finir par se rapprocher de la Corée du Sud.et il ne restera plus que la France comme seul habitat des derniers fossiles vivants de cette race de dinosaures sanguinaires de gauche qui ont ravagé l'humanité.

Le peuple de gauche, c'est quoi?
Comme toutes les castes et autres races supérieures, c'est des CONS.

Quelques mystères de l'histoire qui montrent le comportement systématiquement destructeur des parlementaires Français.

Nous allons essayer de comprendre, au cours des grands évènements de l'histoire, le comportement systématiquement destructeur des élus de la nation, et la rage qu'ils ont de vouloir détruire les citoyens et le pays qui les ont élus. Les conclusions et les remèdes à apporter s'en déduiront d'eux-mêmes. Nous allons citer quelques anomalies de l'histoire que les manuels officiels ou la presse bien pensante ne montrent jamais ou citent discrètement sans ajouter de commentaires. On ne peut en trouver des explications qu'en cherchant sur quelques publications à faible tirage classées «politiquement incorrectes» ou en faisant preuve d'esprit d'observation.

La première guerre mondiale 1914-1918.

Un ami me décrivait un film d'époque tourné directement sur un des champs de bataille, pendant les derniers instants de la première guerre mondiale. On aperçoit les tranchées Allemandes et Françaises se faisant face, proches les unes des autres, très calmes. Tout le monde sachant que c'est la fin du conflit, chacun attend la décision des arbitres qui devaient annoncer la fin des hostilités et le nom du vainqueur. La nouvelle de la fin arrive et la réaction des troupes Françaises et Allemandes est immédiate. Soldats Allemands et soldats Français bondissent hors de leurs tranchées avec leurs terribles fusils à baïonnette et courent les uns vers les autres comme pour un assaut, jettent leurs fusils en l'air et se précipitent dans les bras les uns des autres, non plus pour se massacrer, mais pour s'embrasser et se réjouir ensemble de la fin de ce carnage effrayant d'horreur et de stupidité. Quelques jours avant, ces mêmes hommes qui se réjouissaient ensemble au point de s'embrasser se seraient sauvagement entre tués.

Premier mystère.

Comment comprendre que pendant quatre ans, ces mêmes hommes qui ne se haïssaient pas, parfois se connaissaient même à force de vivre voisins face à face, à partager le même malheur et en étaient même devenus amis, se soient sauvagement entre tués au point d'exterminer des deux côtés près de neuf millions d'entre eux. Sans **les politiciens et les parlementaires** qui les ont contraints par la force, jamais ces hommes ne se seraient massacrés les uns les autres.

Deuxième mystère.

L'ordre de mobilisation générale date du 2 Août 1914. Début septembre, les armées allemandes très bien préparées avaient pulvérisé les armées Françaises, causé de lourdes pertes, un vrai carnage et étaient arrivées quasiment intactes à quarante kilomètres des portes de Paris, avec une armée Française en déroute et une armée allemande encore intacte.

Il ne restait plus guère aux armées allemandes qu'à rentrer dans Paris et la guerre était terminée pour tous.

Au lieu de cela, **mystère,** les armées allemandes ne sont pas rentrées dans Paris, qui se trouvait dans une situation semblable à des buts de football sans gardien de buts, ont laissé le temps aux armées Françaises totalement désorganisées de se reconstituer autour de la capitale et de relancer la partie. Puis tout le monde s'est retrouvé autour de Verdun, s'est enterré dans des tranchées et Verdun aura été une des batailles les plus meurtrières et les plus sanglantes de la guerre. La guerre qui était normalement terminée a ainsi pu se prolonger quatre ans.

Premier exemple.

Un copain de service militaire me racontait qu'un grand oncle Alsacien avait écrit un livre sur sa guerre de 14-18. Au début les Français ont mis les Alsaciens ou tous ceux qui comprenaient l'Allemand en première ligne face aux tranchées Allemandes.

Alors s'est produit l'inattendu. Très vite, soldats Français et Allemands ont communiqué, se sont parlé entre eux et ont rapidement sympathisé. Puis ils ont creusé des boyaux qui reliaient tranchées Allemandes et Françaises. Ils se retrouvaient ensemble la nuit pour faire la fête. Les Allemands apportaient la bière et la choucroute et les Français, le camembert, le saucisson et le vin.

Au lieu saisir cette opportunité de légiférer une paix qui existait maintenant dans les faits, les autorités politiques Françaises ont retiré les soldats germanophones des premières lignes et le massacre a pu continuer normalement entre des soldats qui ne pouvaient plus se comprendre.

L'oncle de cet ami a failli aller en prison pour avoir écrit ce livre a connu beaucoup de problèmes, ainsi que son éditeur. Tous les livres et le manuscrit ont été détruits par les autorités Françaises.

La presse Anglaise a beaucoup parlé de cette fraternisation, l'état major Allemand s'est montré préoccupé. En France, l'affaire a été étouffée.

Deuxième exemple.

A partir de 1916, soldats Allemands et Français ont commencé à manifester leur lassitude de cette guerre. Le général Pétain a été envoyé pour faire repartir la guerre. Il a fait mettre les hommes en rang et leur a dit: «Un sur dix sortez des rangs». Une partie des hommes sortis des rangs ont été fusillés pour l'exemple.

Troisième mystère.

Dés septembre 1914 la ligne de front s'étendait du Nord à l'Est sur près de mille kilomètres.

J'ai lu dans un livre scolaire d'histoire de mes enfants que quatre cinquièmes du charbon et neuf dixièmes du fer Français se trouvaient à l'intérieur des lignes Allemandes.

Ce manuel scolaire ne s'est pas posé la question: comment les Français ont-ils pu continuer à faire tourner leurs usines d'armement sans charbon et sans fer, et poursuivre ainsi la guerre. Et c'est là le **troisième mystère.**

Je faisais part de ces réflexions à un ami, né en 1904 et depuis décédé. Il me dit: «J'ai connu un capitaine d'aviation qui a fini la guerre en prison. Il survolait les lignes Allemandes avec son coucou quand il aperçut du haut de son perchoir volant une usine de fer Française à l'intérieur des lignes Allemandes et qui travaillait à plein régime. Il a alors jeté une bombe qui se trouvait à bord de son avion. Une telle bombe qui se jetait à la main n'était pas bien plus grosse qu'un pot de fleurs et ne faisait pas beaucoup plus de dégâts que le même pot de fleurs tombant d'un étage élevé d'immeuble. Mais beaucoup plus de bruit. Il a aperçu en bas une belle pagaille. Les gens couraient dans tous les sens. Il est alors revenu à la base chercher d'autres bombes.

En atterrissant, il aperçut les officiers supérieurs qui l'attendaient alignés sur le terrain. Il se dit que c'était pour le féliciter et se demanda comment ils avaient su si vite. Apparemment très mécontents, ils lui demandèrent: «Qui vous a donné l'ordre de jeter cette bombe?». Un tribunal fut immédiatement constitué et il fut condamné à être fusillé. Il fut sauvé du peloton d'exécution par son père qui était un politicien influent et finit la guerre en prison.

La clé de ce troisième mystère est donnée par des revues pas très «politiquement correctes».

Selon ces revues, les échanges commerciaux entre la France et l'Allemagne ne se sont jamais arrêtés avec les hostilités, bien au contraire. L'Allemagne qui avait pris possession des mines de fer et de charbon Françaises a continué d'approvisionner la France pendant toute la guerre. Les échanges commerciaux ont transité par la Suisse neutre pendant ce conflit mondial.

Ainsi la guerre a pu continuer uniquement par la volonté des politiciens Allemands et Français qui se sont entendus entre eux pour asservir chacun de leur côté une génération de leurs concitoyens, les transformer en esclaves gladiateurs, leur ont fourni les armes et les ont contraints à se massacrer mutuellement, pour le spectacle, pendant quatre ans.

Quelques mystères de la seconde guerre mondiale 1939-1945.

Dés 1940 a commencé la première grande bataille aérienne de l'histoire, la bataille d'Angleterre. La flotte aérienne de l'ancien aviateur de la guerre de 14-18, le maréchal Hermann Goering subissait de lourdes pertes au dessus de l'Angleterre et ne parvenait pas à obtenir la victoire aérienne promise par Hermann GOERING. Ce dernier finit par lancer toutes ses forces dans une bataille qu'il voulait décisive.

Cette bataille fut effectivement décisive. Les Anglais perdirent seize avions dans le combat et les Allemands en perdirent cent soixante. Hitler retira ses avions des bords de la Manche. Les Anglais profitèrent de cette accalmie temporaire pour reconstituer leur flotte aérienne. A partir de 1942, les Anglais avaient la maîtrise des airs et bombardaient l'Allemagne où et quand ils voulaient, infligeant de lourdes pertes tant civiles que militaires chez les nazis.

Le mystère des hauts fourneaux Allemands.

Je parlais avec un ami des mystères de ces conflits que les parlementaires avaient tous les moyens d'arrêter à temps et ont tout fait pour les prolonger. Il me dit: «Tu n'as pas été étonné de la vitesse avec laquelle l'Allemagne s'est reconstruite à partir de 1945?».

- Je répondis: Ils ont beaucoup travaillé.
- C'est vrai, mais le travail ne suffit pas pour faire des routes, des ponts, élever des immeubles. Il faut aussi du fer et du charbon, beaucoup de fer. Le fer se fait dans des haut fourneaux qui fonctionnent jour et nuit et ne peuvent s'arrêter. Il faut au moins dix huit mois pour faire repartir un haut fourneau arrêté. En 1939, au début de la guerre, Hitler avait quarante hauts fourneaux. En 1945, à la fin de la guerre, l'Allemagne avait encore quarante hauts fourneaux en état de marche. Un haut fourneau est tellement lumineux que la nuit il peut se voir d'un avion à plus de cinquante kilomètres.

A partir de 1942, les Anglais avaient la maitrise de l'air et auraient pu en une seule nuit casser au moins dix de ces hauts fourneaux. Cela signifiait pour l'Allemagne, plus de chars, plus de sous-marins, plus de moteurs. Une armée nazie, entièrement mécanisée, désarmée et clouée au sol dés 1942. Cela signifiait aussi dés 1942, finis les bombardements sur Londres, finie la nécessité du débarquement allié si meurtrier en juin 1944 sur les plages de Normandie, mais aussi plus de Shoa et au moins cinquante millions de vies épargnées, etc..

Il aurait suffi d'un ordre de Churchill et ce fou d'Hitler était désarmé, la fin du nazisme et enfin la paix. Churchill et Roosevelt avaient la paix du monde entre leurs mains. Ils n'avaient qu'un ordre à donner et c'était la paix possible en quelques semaines. Cet ordre n'est pas venu. Ils ont préféré une guerre à l'issue hasardeuse, longue et meurtrière à une victoire immédiate et une paix certaine. Pourquoi protéger HITLER? **Mystère de la politique.**

Le mystère des roulements à billes.

Je feuilletais les mémoires qu'Albert SPEER avait écrites en prison où il avait passé vingt ans après le procès de Nuremberg. Architecte de Adolphe Hitler, il fut nommé ministre de l'armement pendant la guerre. La question des roulements à billes fut un des gros problèmes inattendus auxquels il dut faire face à son nouveau poste de ministre de la guerre. Les usines d'armements Allemandes demandaient sans cesse plus de roulements à billes et de roulements à rouleaux que ne pouvaient en fournir les usines. Sans roulements à billes, ou roulements à rouleaux, aucune roue, aucune hélice d'avion, aucun moteur ne peuvent tourner. Cela signifiait toute l'armée Allemande fortement mécanisée, immobilisée, clouée au sol. Albert Speer devait se débrouiller, et comme on dit: «déshabiller Pierre pour habiller Paul».

Il s'aperçut avec consternations que presque toutes les usines de roulements à billes se trouvaient concentrées au même endroit. Or, écrit-il dans ses mémoires, à partir de 1942, les alliés avec leur aviation avaient la maitrise des airs et l'initiative. Les Allemands ne pouvaient que se mettre à l'abri pendant chaque déluge, attendre que l'orage passe, et réparer les dégâts. Il aurait suffi d'un seul bombardement des alliés pour détruire la quasi-totalité des usines de roulements à billes et toute l'armée Allemande se trouvait clouée, immobilisée au sol dés 1942. C'était la fin de la guerre. Albert Speer n'a cessé de faire des démanches auprès de Hitler pour demander de disperser ou rendre souterraines ces usines afin de les rendre moins vulnérables aux bombardements alliés. Ces démarches sont restées, mystérieusement, sans réponse d'Adolphe HITLER, comme s'il n'avait rien à craindre. Quasiment toutes le usines d'armement Allemandes, de surface et même souterraines ont été bombardées et pilonnées par les Alliés, toutes, sauf les usines de roulements à billes bien visibles et vitales pour la continuation du conflit, qui sont restées intactes jusqu'à la fin de la guerre.

Il aurait suffi d'un ordre de Churchill et ce fou d'Hitler était désarmé. C'était la fin du nazisme, la fin du cauchemar et la paix possible. Churchill et Roosevelt avaient la paix du monde entre leurs mains. Ils n'avaient qu'un ordre à donner et c'était la fin de la guerre. Cet ordre n'est pas venu. Apparemment, les alliés ont préféré une guerre hasardeuse, longue et meurtrière à une victoire immédiate et une paix certaine.

Pourquoi ? **Mystères de la politique.**

Quelques mystères d'Auschwitz et des camps d'extermination.

Les commémorations du soixantième anniversaire de la libération du camp d'AUSCWITZ et tout ce que les médias en ont montré ont été utiles au devoir de mémoire. Utiles, mais insuffisantes. Pourquoi avoir attendu soixante ans? Mieux vaut tard que jamais.

Pour que ce devoir de mémoire soit vraiment utile et dissuasif pour l'avenir, il aurait mieux valu ne rien oublier. Il y a au moins deux questions que l'on peut se poser et sur lesquelles les médias sont restés curieusement silencieux malgré de nombreux faits.

A cette époque, **Qui savait quoi? Qui pouvait quoi?**

Quelques faits de cette époque.
- Vu à la télévision.
Elie Wiesel, prix Nobel de la paix et rescapé du camp d'extermination d'Auschwitz disait à la télévision: «A Auschwitz nous voyions passer les avions alliés au dessus de nous et nous espérions qu'ils détruisent les chambres à gaz et les fours crématoires avec leurs bombes. Ils ont bombardé plusieurs fois l'usine de caoutchouc synthétique à coté et sont passés au dessus du camp d'Auschwitz sans jamais le toucher.

-Vu à la télévision.

Les archives conservées des photographies aériennes prises par les avions alliés du camp d'Auschwitz et de l'usine de caoutchouc synthétique située juste à coté. Les ressemblances sont frappantes. Les deux photographies aériennes montrent chacune:
- Une enceinte fermée avec une voie ferrée qui accède à cette enceinte.
- Des baraquements alignés.
- Des Cheminées d'usine crachant des flammes la nuit et de la fumée le jour. Dans une de ces usines, c'était le caoutchouc qui fumait et dans l'autre à coté c'étaient les milliers de cadavres quotidiennement incinérés dans les fours crématoires.
- Rudolph Hoess le commandant du camp d'Auschwitz a écrit ses mémoires en prison, après le procès de Nuremberg avant d'être pendu en 1947 à Auschwitz.

Il nous apprend qu'Heinrich HIMMLER avait fait construire les camps de déportation à coté des usines d'armement pour pouvoir profiter d'une main d'œuvre gratuite.
- Il nous apprend dans son livre que les usines d'armement étaient constamment bombardées et les voies ferrées qui y conduisaient régulièrement détruites. Mais que les camps d'extermination situés juste à coté de ces usines et très semblables vus d'avion ont toujours été épargnés par les Alliés, ainsi que les voies de chemin de fer qui y accédaient. Sauf un camp d'extermination qui a reçu une bombe une fois, mais par erreur. La pagaille qui s'en est suivie ainsi que les nombreuses évasions, est la preuve que le bombardement des camps de concentration aurait suffi à stopper ou la Shoah, ou au moins la compromettre.
- Il nous apprend que le succès de la «solution finale» dépendait selon Himmler et Hitler, de la discrétion et du silence absolus autour de cette opération. Une

indiscrétion, un seul mouvement de panique parmi les milliers de victimes qui faisaient la queue devant les chambres à gaz pouvaient provoquer une pagaille et un embouteillage qui auraient pu, par contagion, compromettre le succès de la solution finale.

- Il avait demandé aux SS le silence absolu sur les activités du camp, mais ceux-ci allaient parler dans les villages voisins surtout après avoir bu.

- L'odeur dégagée par les fours crématoires se répandait dans les villages alentour, et les paysans habitués et indifférents disaient: «Ce sont les SS qui font bruler les juifs».

- Rudolph Hoess nous apprend qu'il y a eu plus de sept cent évasions du camp d'Auschwitz dont plus de quatre cent réussies. Mon père a été pendu dans un petit camp près d'Auschwitz après une tentative d'évasion. Avec quatre cent prisonniers évadés d'Auschwitz dont plusieurs ont pu rejoindre Londres, le gouvernement de Londres ne pouvait ignorer ce qui se passait.

- On sait maintenant que le gouvernement Polonais en exil à Londres savait tout des camps d'extermination en Pologne. Londres ne pouvait donc pas les ignorer.

- Il aurait suffi que les avions alliés qui bombardaient constamment les usines d'armement et détruisaient les voies ferrées qui y conduisaient gardent quelques bombes pour les camps d'extermination à coté et toute l'opération «solution finale» se serait trouvée gravement compromise, sinon stoppée dans la pagaille.

- Une des principales activités de la résistance a été le sabotage des voies ferrées qui acheminaient les marchandises pour l'armée Allemande. Jamais les voies ferrées qui partaient de Drancy pour acheminer les convois de prisonniers vers les chambres à gaz d'Auschwitz n'ont été inquiétées par la résistance. Le général de Gaulle qui parlait beaucoup à la radio n'avait qu'un mot de plus à dire pour provoquer de gros problèmes sur la ligne de chemin de fer Drancy-Auschwitz et compromettre gravement le déroulement de l'opération «Solution Finale» en France, c'est à dire, la SHOAH. Ce mot, il ne l'a jamais dit.

- Lorsque le port de l'étoile jaune a été imposé aux juifs, le roi du Danemark l'a interdite chez lui, porté lui-même l'étoile jaune et refusé d'aider la police Allemande à traquer les juifs. Hitler n'a pas insisté et les juifs Danois n'ont pas été plus inquiétés qu'ils ne l'avaient été dans l'Espagne du General Franco, pourtant allié de HITLER à cette époque.

- Hitler avait fait parvenir des étoiles jaunes au roi du Maroc. Ce dernier lui en a demandé deux cent de plus destinées à la famille royale. Hitler, devant cet affront, n'a pas insisté.

Conclusions.

Des constatations terribles apparaissent maintenant et montrent un comportement des politiciens de cette époque très semblable au comportement destructeur de leurs parents politiciens pendant la guerre mondiale de 14-18.

- Les politiciens alliés et De Gaulle avaient plusieurs possibilités pour stopper facilement Hitler et sa guerre à partir de 1942. Ils n'ont rien fait.

- En utilisant un seul de ces moyens, ils auraient pu rendre inutile le débarquement allié si meurtrier sur les côtes de Normandie. Ils n'ont rien fait. Ils ont choisi la solution la plus meurtrière, la plus incertaine, mais la plus sûre pour faire massacrer les leurs comme leurs parents politiciens l'ont fait avant eux pendant la guerre de 14-18

- Ils savaient à partir de 1942 pour la shoah et n'avaient que très peu à faire pour arrêter la «Solution finale». Ils n'ont rien fait.
- **C'est parce que les politiciens alliés savaient qu'ils ont laissé faire la Shoah. Si Hitler est coupable, eux sont au moins responsables et coupables de non assistance et même de complicité.**

De nos jours, L'Europe.

On entend fréquemment les politiciens clamer sur tous les médias que si nous connaissons la paix depuis quarante ans c'est parce que l'Europe existe.

Faux: Si l'Europe existe c'est parce qu'il y a la paix. Cette paix, c'est l'Amérique qui nous l'a apportée il y a soixante ans en sacrifiant ses soldats sur les plages de Normandie et l'a maintenue depuis malgré l'ingratitude permanente de la France.

Si nous ne sommes pas aujourd'hui les *untermenschen* (sous-hommes) des nazis c'est parce que les Américains ont combattu à notre place et pour nous.

Staline, on le sait aujourd'hui, avait préparé, dans les années cinquante, un pont entre la France et l'URSS pour envahir l'Europe avec l'aide de la CGT qui avait organisé une grande pagaille pour faciliter l'opération.

Les armées soviétiques seraient ensuite intervenues pour aider un **pays Frère à se libérer**. C'est le socialiste courageux et lucide, Jules Moch qui a fait donner les forces de l'ordre contre les manifestants CGT brisant ainsi la tête de pont soviétique.

Les divisions soviétiques n'auraient eu aucune difficulté à traverser l'Europe pour «porter secours» aux «camarades» Français.

C'est les Américains qui ont mis l'Europe à l'abri sous leur parapluie nucléaire comme une poule abrite sa couvée sous son aile. Face aux divisions militaires de Staline, l'Europe seule n'aurait pas résisté.

La dictature et le génocide Serbes ont été anéantis par l'intervention musclée des Américains et le problème de l'Europe centrale réglé pendant que les Européens discutaient encore sur le sujet «Faut-il y aller ou pas. Est-ce démocratique ou pas?».

La dictature et l'occupation Syrienne sur le Liban ont été encouragées et soutenues par Chirac copain du dictateur Syrien. Un simple froncement de sourcils des Américains et les Syriens se sont retirés du Liban qu'ils occupaient depuis plus de vingt ans, soutenus par la France.

Depuis quarante ans, la présence Américaine rend les guerres impossibles en Europe. Et pourtant les occasions n'ont pas manqué. La dictature et le génocide Serbe en Yougoslavie. la première guerre mondiale de 1914-1918 s'est enflammée pour bien moins que cela.

Les pays d'Europe Centrale ont été libérés du communisme et entrent maintenant dans l'Europe grâce à l'Amérique.

En fin de compte, l'Europe qui n'existe que par la protection de l'Amérique n'est finalement rien d'autre qu'un protectorat Américain.

Pour emprunter une image due à Marie-France Garaud, l'Europe a été vis-à-vis des pays de l'Est pendant la guerre froide comme un troupeau de vaches grasses les mamelles tournées vers l'Est. C'est le cow-boy Américain qui protège le troupeau.

Aujourd'hui le prédateur communiste a disparu, alors le troupeau a tourné ses mamelles vers un autre prédateur affamé et prolifique: l'Islam. Si les intentions des communistes étaient de traire le troupeau et ils ne se sont pas privés, les intentions de l'Islam seraient plutôt d'égorger ce troupeau d'infidèles. C'est encore la présence du cow-boy qui les retient.

Les évènements du 11 septembre 2002 à New York ont marqué à la façon de Pearl Harbour l'entrée de l'Amérique dans la quatrième guerre mondiale, la troisième guerre mondiale s'étant terminée par la chute du mur de Berlin, en dehors des conflits classiques.

Le virus communiste un peu K.O. avec la chute du mur de Berlin demeure vivant seulement en Corée du Nord et en France, quoique passablement estropié.

Nazisme, Communisme, Islamisme apparaissent comme trois mutations d'un même virus dont les deux gènes fondamentaux et indissociables sont l'antisémitisme et l'antiaméricanisme.

L'Amérique est entrée de plein pied dans ce qu'il faut bien appeler la quatrième guerre mondiale qu'elle a reçu de front le 11 septembre 2002 avec l'attentat des tours jumelles. L'islam ayant pris la place du nazisme et du communisme. Aussitôt la France a fait le choix de la collaboration et même de l'invitation à bien recevoir l'occupant. En 1940, c'était le maréchal Pétain qui invitait à bien recevoir l'occupant, aujourd'hui c'est Sarkozy ainsi que les autres présidents qui l'invitent à construire des mosquées cathédrales et des minarets avec les impôts des Français.

Tel Imam Algérien de Belleville avec ses trois femmes et ses vingt quatre enfants est logé gratuitement et vit très bien de subventions et allocations Françaises. Il enseigne librement dans les mosquées la haine du Juif, de l'américain et le mépris (assez justifié) pour les «dhimmis» Français qui l'entretiennent si grassement.

Un Français de «souche» qui serait marié deux fois est un polygame et c'est la prison qui l'attend. Si ce ne sont pas là des privilèges réservés à l'occupant, alors je n'ai rien retenu de l'occupation allemande que j'ai connue dans les années 1940-1944.

La France aujourd'hui.

On a vu que la principale activité des politiciens depuis près d'un siècle a été de détruire par les guerres et les gaspillages ce peuple qui les avait élus et les entretient si grassement.

- **Pourquoi ?**

Une excellente réponse a été donnée par l'écrivain académicien, ancien ministre et ancien résistant Maurice DRUON avec son livre : «**La France aux ordres d'un cadavre**». Il faut le lire si vous voulez une réponse à cette question, résumer cet ouvrage ici serait trop long.

- **Comment ?**

Essentiellement en maintenant la France dans un état de guerre, de gaspillages et de fiascos économiques permanents.

- **Aujourd'hui.**

Alors comment les politiciens, avec la paix des armes imposée par «la Pax Americana» vont-ils pouvoir nuire encore à leur pays, comme ils le font si bien depuis un siècle, avec les nombreuses guerres déclarées et perdues? En douter, c'est sous estimer «L'imagination au pouvoir».

On va se répéter, la répétition est un principe de base de l'enseignement.

Ce qui est possible aujourd'hui, devrait être, mais n'est pas.

Aujourd'hui, avec les progrès des techniques de production, ce sont les machines très performantes, et même intelligentes qui produisent la quasi-totalité de nos biens de consommation, et même des services.

Aujourd'hui, il suffit que chaque «administrativement actif» produise des biens «primaires», «secondaires» ou «tertiaires» pendant une durée de moins de vingt ans pour satisfaire les besoins en consommation de tous les Français. Les performances de la technique sont telles aujourd'hui, que chaque Français peut avoir la sécurité d'une consommation satisfaisante, à partir du jour de sa naissance, à condition de produire pendant moins de vingt ans. Tel est aujourd'hui le prix à payer pour vivre dans l'abondance et la sécurité. Produire aujourd'hui, c'est surtout piloter des machines de plus en plus intelligentes, développer de l'informatique, gérer des relations clientèle etc., c'est surtout avoir le choix de son type d'activité, bref rien à voir avec les gagne-pain harassants et contraignants d'autrefois.

Ce que les parlementaires de droite comme de gauche, la «droiche», ont réussi à faire en quarante ans.

Une dette de 200.000€uros dont chaque contribuable imposable hérite le jour de sa naissance. En effet, la dette moyenne est 50.000€uros, mais 80% des impôts sur le revenu sont payés par 20% des contribuables. Il reste donc une dette de 200.000€ aux contribuables imposés et qui n'ont rien emprunté.

De plus en plus de pauvreté dans une France aux possibilités de richesse de plus en plus grandes et même inouïes. Un gaspillage de plus de 75% des ressources et du travail des Français. Chaque français travaille en moyenne chaque semaine deux jours à produire ce que les Français consomment et trois jours sont consciencieusement gaspillés par les politiciens.

Chapitre 6 : La fuite des cerveaux et des entreprises.

Exemple 1-3.

En France comme en Angleterre, c'était pourtant la même entreprise, avec le même entrepreneur, le même personnel, la même activité, les mêmes machines et sans doute les mêmes clients en France. En France comme en Angleterre, c'était la même croissance mondiale. En France, l'afflux des commandes clients aurait contraint cet entrepreneur à refuser les commandes et se séparer d'une partie de son personnel. En Angleterre, 30 kilomètres plus loin, la longueur du tunnel sous la Manche, ce sont sept personnes de plus qui ont été embauchées, peut-être des Français, pour exporter, en majeure partie sur la France.

Puisque ce n'est pas la «croissance» mondiale, ce sont bien les parlementaires français qui ont obligé cet entrepreneur Français à s'expatrier pour:

- Conserver son personnel Français à l'étranger, alors qu'il aurait dû se séparer d'une partie d'entre eux s'il était resté en France.

- Embaucher dans un pays étranger où les salaires sont plus élevés qu'en France, mais où le travail est plus respecté et revient donc moins cher qu'en France, et finalement réexporter sur la France.

Des pays comme la Suisse, l'Irlande ou l'Angleterre hébergent les écrivains, les artistes, les acteurs, les footballeurs, les joueurs de tennis Français qui ont réussi, ainsi que les sièges sociaux de beaucoup d'entreprises Françaises.

Un suisse me disait: «Vous nous faites bien rire nous les Suisses avec votre impôt sur la fortune. Il y a bien longtemps que les fortunes Françaises sont chez nous».

La presse savoyarde parle d'exode des entreprises Françaises vers la Suisse. Les salaires y sont beaucoup plus élevés qu'en France, parfois le triple, mais le travail y est plus respecté et finalement revient moins cher qu'en France. Cette presse Savoyarde ajoute qu'on n'a pas vu un tel exode de Français depuis la terreur de 1792. Les Français ne fuient plus une guillotine boulimique mais un fisc glouton et des droits de succession qui sont une confiscation étatique de type Stalinien et une violation de la propriété privée contraire aux droits donnés aux citoyens par la constitution.

Près de cinquante pour cent des diplômés des grandes écoles quittent la France. Il y a plus de cadres Français qui partent s'installer en Chine que de cadres chinois qui viennent en France.

La France se vide de ses cerveaux et de ses talents, par contre l'Islam s'y installe et l'Islamisme prospère sur ce terreau fertile où poussent Mosquées et Minarets, et y pond ses œufs, comme une guêpe pond ses œufs qui éclosent et se nourrissent à l'intérieur d'une chenille anesthésiée, mais toujours vivante.

Les délocalisations en France se font aujourd'hui par les deux bouts.

Les entreprises à forte main d'œuvre peu qualifiée partent se délocaliser dans les pays où la main d'œuvre est encore moins chère.

Les entreprises de haute technologie partent se délocaliser vers les pays riches. La France paye ainsi les études supérieures qui forment les cadres qui vont enrichir les pays riches.

Vu à la télévision:

Un industriel Belge expliquait: «Nous manquons terriblement de cadres aux Pays Bas. Ce sont les cadres qui font la loi chez nous, venez chez nous». La croissance mondiale est pourtant la même aux Pays Bas et en France.

Aujourd'hui, un jeune diplômé en France a le choix:

- s'inscrire à l'ANPE.
- Accepter un CDD au SMIG ou même moins.
- Partir à l'étranger pour trouver un poste conforme à ses diplômes et à ses possibilités.

Chapitre 7
La richesse - faut-il faire payer les riches?

Telle est l'obsession de la Gauche Française et de la **droiche**, derniers fossiles vivants de ces monstres de **gauche** qui ont ravagé la planète pendant près d'un siècle et généré les pires génocides que l'humanité aura jamais connus: Hitler, Staline, Mao Tse Toung, Pol Pot etc. tous de gauche

Laisser s'enrichir les pauvres, ce serait plus positif, mais ce n'est pas leur préoccupation. Ils préfèrent sanctionner et contraindre comme l'ont toujours fait les régimes de gauche qu'encourager par la récompense comme le dicte le bon sens et le font les systèmes dits de «droite», c'est-à-dire finalement tout ce qui n'est pas la gauche.

La richesse il y a un siècle.

Ceux que l'on appelle aujourd'hui «les gros», ce sont les gens importants et fortunés, les investisseurs. Il y a plus d'un siècle, la plupart des gens fortunés se remarquaient par leur embonpoint. A cette époque l'achat du pain représentait plus de soixante dix pour cent des dépenses des ménages. Seuls les riches pouvaient manger à leur faim et même copieusement. Aujourd'hui l'obésité est devenue la maladie des riches dans les pays pauvres et des pauvres dans les pays riches. On peut remarquer que beaucoup de ceux qui vont aux «restaurants du cœur» ont de l'embonpoint.

Toutefois, l'expression, qui est maintenant fausse, est restée.

La gauche continue à bâtir ses doctrines sur des clichés vieux de deux siècles: Les riches qui mangent le pain des pauvres. Pour la droite, «il faut travailler plus pour gagner plus», «Il faut travailler plus longtemps parce qu'on vit plus longtemps»

On peut dire que ce qui distingue la gauche de la droite c'est que la gauche a deux siècles et plus de retard et la droite, seulement un demi siècle.

Répartition des revenus.

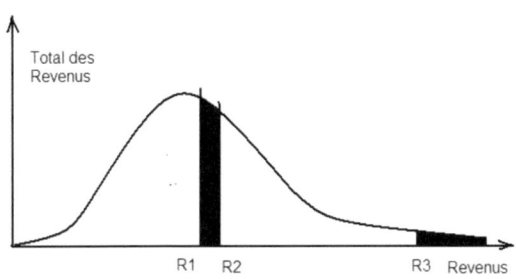

Figure 4   Répartition des revenus

Un petit schéma vaut mieux qu'un long discours. Nous allons nous baser sur un graphique publié par le journal «l'express» dans un article qui étudiait la répartition des revenus. Ce journal a précisé que les répartitions de revenus avaient toujours et partout une forme semblable à celle de la figure4, quels que soient les montants des revenus.

C'est sur cette affirmation très vraisemblable que nous allons nous appuyer pour la suite.

Sur l'axe vertical, on a représenté la totalité des revenus pour un revenu donné qui est figuré sur l'axe horizontal. L'aire de la surface noire encadrée par les revenus de R1 à R2 est donc proportionnelle à la somme de revenus supérieurs à R1 et inférieurs à R2.

L'aire de la surface remplie à droite de R3 est proportionnelle à la masse totale des revenus des «riches». L'aire de la surface totale à gauche de R3 nous donne donc la valeur totale de tous les revenus, moins les revenus des «riches».

On voit bien que si l'on confisquait tous revenus des riches pour les redistribuer, ce n'est pas avec cela qu'on va enrichir «les pauvres».

Par contre, surtaxer l'ensemble des revenus supérieurs à R3 peut avoir des conséquences très importantes sur l'ensemble de tous les revenus.

Ce sont ces conséquences que nous allons étudier.

Faire payer les riches, ce que cela peut rapporter et ce que cela peut coûter.

«Quand les gros maigrissent, les maigres meurent». Dicton Chinois.

«Quand on met un impôt sur les vaches, ce ne sont pas les vaches qui paient l'impôt». Dicton Français, très apprécié d'Alain MADELIN.

«A semer des conneries, on récolte des conneries» dicton Français.

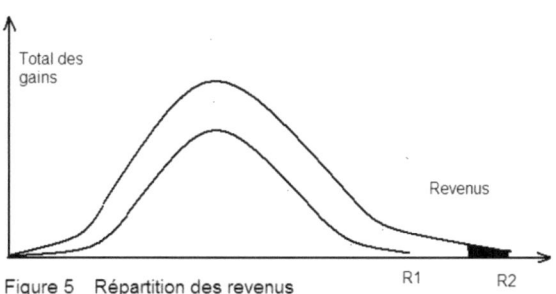

Figure 5 Répartition des revenus

La figure 5 illustre ces deux dictons. Sur la figure 5 on a représenté deux courbes de répartition de revenus pour deux catégories de revenus différentes, qui peuvent aussi bien représenter deux pays différents. On peut dire aussi que le passage de la courbe R2 à la courbe R1 illustre ce qui se passe quand «on fait payer les riches» et réciproquement on passe de R1 à R2, quand on cesse de surtaxer les «riches» ou qu'on allège leurs impôts.

On va détailler ces notions sur la figure 6.

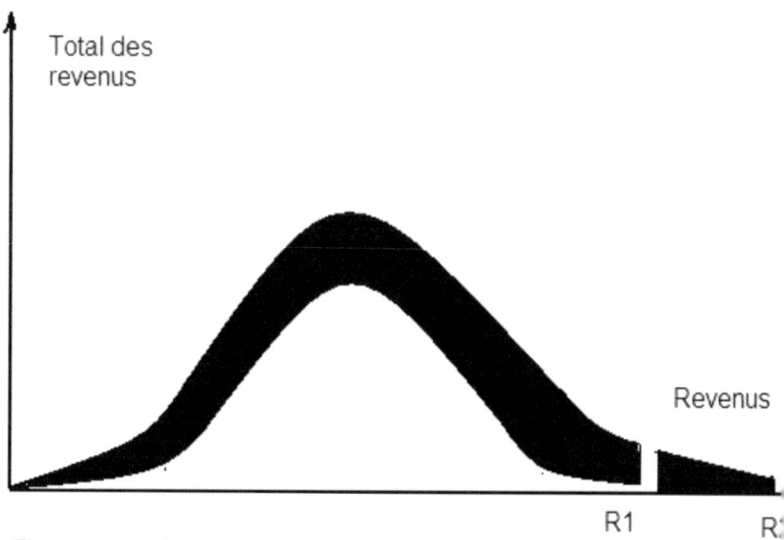

Figure 6   Répartition des revenus

L'aire de la surface pleine en noir au niveau de R2 représente ce qui a été «pris aux riches» et l'aire de la surface pleine en noir au niveau de R1 représente ce que cette confiscation aura coûté au reste du pays.

Réciproquement, si l'on cesse de surtaxer les hauts revenus, l'aire de la surface pleine en noir au niveau de R2 représente ce que les « riches » ont gagné, et l'aire de la surface pleine au niveau de R1 représente ce que cela a rapporté au reste du pays.

On peut maintenant établir plusieurs constats:

-1 Lorsqu'un «riche» s'enrichit de 1, il enrichit en moyenne le reste du pays d'au moins vingt cinq à cinquante fois ce qu'il a gagné. Les riches ne mangent plus le pain des pauvres depuis longtemps. Au contraire, non seulement ce qu'ils gagnent n'est pas pris aux «pauvres», mais leur rapporte bien plus, en totalité, qu'il ne rapporte aux «riches», mais beaucoup moins, individuellement, parce que les «pauvres» sont bien plus nombreux que les riches.

-2 L'argent pour les revenus moyens est un ticket qui permet de consommer un bien ou un service. Pour les entrepreneurs et les investisseurs, l'argent, c'est surtout des zéros sur un compte en banque et c'est plus un outil de travail qu'un moyen de consommer du caviar, du foie gras et du champagne comme le répète la gauche, qu'on appelle aussi, à juste titre, la «gauche caviar».

Et lorsque cet outil est confisqué, les investisseurs ne peuvent plus travailler ni verser des salaires et ainsi beaucoup doivent s'expatrier pour travailler. Un excès d'impôts crée donc surtout le chômage et la précarité pour tous les «pauvres». Les *riches*, eux, plus mobiles, peuvent s'échapper plus facilement vers des pays plus accueillants.

Exemple : l'impôt de solidarité sur la fortune.

Cet «impôt de gauche» n'existe plus qu'en France. Il rapporte à peine deux milliards à l'état et en coûte à la France, sous forme d'évasion fiscale, plus de cinquante milliards par an. Comme ces cinquante milliards sont investis à l'étranger, ils y créent des emplois qui ne sont pas créés en France, et par contre créent du chômage et de la précarité en France. Pour finalement coûter au moins cent milliards et peut-être plus aux Français.

Ceci est bien illustré par la figure 6.

«Quand on met un impôt sur le vaches, ce ne sont pas les vaches qui paient l'impôt».

On peut encore ajouter que l'I.S.F. illustre bien la règle des trois alternatives politiques que nous avons énoncée au chapitre 5.

La bonne solution.

Cesser de jeter 75% du travail des Français par les fenêtres en supprimant tous les impôts négatifs et tous les gaspillages qui ruinent le pays. La France deviendrait ainsi un paradis fiscal et même un paradis tout court où il ferait bon vivre et travailler, sans chômage, ni précarité, ni grèves à répétition avec un revenu moyen par Français au moins doublé voir triplé et une durée d'activité ramenée à moins de vingt cinq ans.

La mauvaise solution.

C'était la situation avant la création de l'ISF. Une situation déjà désastreuse.

L'incroyable, l'impensable.

C'est la création de l'ISF.

La France est le seul pays développé qui subit encore cet impôt qui rapporte à peine deux milliards à l'état et en coûte plus de cinquante aux Français.

Quiconque se verrait proposer un placement qui coûte 2 et en rapporte 50 n'hésiterait pas devant une telle opportunité miraculeuse. C'est ce qui se passerait pour la France en cas de suppression de l'ISF.

Seuls les parlementaires Français ont choisi de garder l'ISF qui rapporte 2 milliards à l'état et en coûte au moins cinquante, sinon plus, aux Français.

Remarquons que les deux milliards encaissés par l'état sont comptabilisés au crédit de l'état et apparaissent comme un plus dans les comptes du pays et les cinquante milliards ou plus perdus pour les Français n'apparaissent sur aucun compte, seulement par un vide dans la poche et dans le pouvoir d'achat des Français.

C'est sur de pareils comptes qu'est calculé le budget de la France, ainsi que le nouvel âge de départ à la retraite.

Aujourd'hui, ceux qui partent.

Les dix premiers joueurs de tennis Français sont tous expatriés en Suisse, en Angleterre, à Monaco, en Amérique etc.

Les villages Belges frontaliers voient le prix de leur immobilier s'envoler avec des familles comme les familles propriétaires des magasins Auchan qui viennent traverser la frontière et s'installer en Belgique pour échapper au fisc glouton Français.

La plupart des joueurs de l'équipe de France de foot ball, champions du monde en 1998, sont partis jouer dans des clubs étrangers.

L'artiste Français Charles Aznavour, lassé de payer des fortunes pour être traité comme un malfaiteur et un paria par les services du fisc, est parti vivre à Genève avec sa famille, gagne son argent en partie en France et le dépenses en Suisse ou ailleurs.

L'écrivain Frédéric Dard est parti vivre à Genève dés qu'il a connu le succès et continue de publier ses livres en France et gagner son argent en France.

L'humoriste Jean Yanne a dit, à la télévision, qu'il était parti vivre en Amérique pour échapper aux problèmes d'impôts Français et a continué d'exercer son humour et gagner sa vie en France.

Le chanteur Florent Pagny dont les démêlés avec le fisc ont fait la une de la presse est allé se défiscaliser en Amérique du Sud et continue sa carrière en France. Liste non exhaustive de ceux qui s'expatrient, et expatrient leur activité et leur argent.

Aujourd'hui, ceux qui viennent.

Un Imam vit à Belleville avec ses trois femmes et ses dix huit enfants et reçoit un bon revenu. Ils seraient selon des informations «*politiquement incorrectes*», au moins quatre vingt dix mille polygames étrangers à vivre dans ce cas en France. Un Français «de souche» qui serait marié deux fois connaitrait la prison pour polygamie. Si ce ne sont pas là des privilèges accordés à une armée d'occupation, alors je n'ai rien retenu des années noires que j'ai connues sous l'occupation 1940-44.

Faut-il faire payer les « riches »?
Réponse.

La réponse à cette question est dans les faits. Les pays riches attirent les riches qui à leur tour enrichissent leur pays d'accueil, voir figures 5 et 6, ce qui attire encore plus les riches qui vont venir s'installer et contribuer à enrichir leur pays d'accueil en mondialisant leur activité, tels les joueurs de tennis, les écrivains, les acteurs, les sièges sociaux des sociétés etc..La pompe à fric est amorcée.

Winston Churchill disait: «On voit le patron comme une vache à lait mais personne ne voit que c'est lui la locomotive qui tire tout le convoi». Et quand les locomotives quittent les wagons pour partir se réfugier à l'étranger, les wagons restent bloqués sur les rails. Plus rien ne peut circuler, plus rien ne peut s'échanger. Et dans une économie totalement articulée sur les échanges, c'est le désastre que l'on vit aujourd'hui, et depuis longtemps, en France. La production actuelle fortement automatisée est capable de satisfaire tous les besoins d'une consommation normale, avec moins de vingt cinq années d'activité pour chacun, mais c'est l'intendance, c'est-à-dire, les responsables politiques, qui bloque tout le système et crée ainsi le chômage, la précarité et la pauvreté dans un contexte d'abondance et de sécurité, comme ils ont installé de force les massacres, la ruine et la désolation avec toutes leurs guerres entre des belligérants forcés de se massacrer les uns et les autres et qui ne demandaient qu'à vivre en la paix les uns avec les autres.

J'ai entendu dire que certains pays classés «paradis fiscaux» auraient même envisagé d'alléger encore plus les impôts sur les fortunes venues se réfugier chez eux, pour les attirer d'avantage.

La figure 6 (tirée d'un article du journal l'Express) nous montre bien que lorsqu'on allège les impôts des plus fortunés, ce qui est perdu pour les impôts ou gagné par les intéressés, est récupéré des dizaines de fois plus par l'ensemble de la collectivité.

Dans ces pays classés «paradis fiscaux», il fait bon vivre dans une atmosphère sereine de travail et de loisirs, sans grèves à répétition provoquées par l'incompétence doublée de crétinisme des dirigeants politiques de l'hexagone, ce crétinisme qui pourrit la vie de chacun par des absurdités administratives quotidiennes, imposées par près de cinq millions de fonctionnaires inactifs, et qui n'ont rien d'autre à faire qu'empoisonner ceux qui travaillent.

Bibliographie sommaire.

- Pourquoi nous travaillons.
De Jean Fourastié.

L'auteur, pour parler de la visibilité de l'économie actuelle ainsi que de la fiscalité évoque «un combat de nègres dans un tunnel».

Écrit en 1960, Jean Fourastié fait des prévisions jusqu'en 2.100 et même 2.200 sur la production et la consommation. Ces prévisions ont commencé à se réaliser à partir de 1975 avec comme signal, l'apparition du chômage, phénomène encore inconnu dans les années 1960.

- La France aux ordres d'un cadavre.
De Maurice Druon (de l'académie Française). Maurice Druon a été résistant puis ministre avant d'être élu à l'académie Française.

C'est son dernier livre avant son décès. Le cadavre est celui de Joseph Staline, défunt, qui dirige toujours la France depuis 1945 par la CGT, sa courroie de transmission.

- Le principe de Peter.
De Laurence J. Peter et Raymond Hull.

Tout employé dans une hiérarchie tend à s'élever de poste en poste jusqu'à un poste où il devient incompétent. A partir de ce poste qu'il va maintenant occuper, il cesse de s'élever et se bloque dans la hiérarchie.

Le corollaire est que tous les postes élevés d'une administration hiérarchisée finissent par être occupés par des incompétents et tout le travail utile et productif est totalement fait par ceux qui sont à la base de cette pyramide.

- **Tant et plus.**
De François de Closets.
Il y dénonce avec beaucoup de talent et force détails l'incroyable gaspillage de l'argent public en France.

-**Que le meilleur perde.**
De Michel Antoine Burnier.
La bataille électorale consiste à tout faire pour gagner des élections et arriver au pouvoir, place inconfortable entre toutes où il faut régler tous les problèmes et surtout tenir les promesses faites dans l'opposition.

Dans l'opposition, on peut dire tout et le contraire de tout et se faire beaucoup d'amis en promettant tout et n'importe quoi, faute de quoi vous ne serez jamais élu.

D'où la tentation, une fois au pouvoir de retourner dans une opposition si confortable et de tellement plus rentable.

C'est une des explications des gaffes faites par le pouvoir pour retourner dans une opposition si confortable. Cela peut aussi expliquer la régularité des alternances droite-gauche-droite au pouvoir.

La loi de Parkinson. Par Cyril Northcote Parkinson.
Il a analyse le cancer bureaucratique. Après avoir étudié les fonctionnaires, il a énoncé un certain nombre de principes.

«Le travail s'étale chez les fonctionnaires de façon à occuper tout le temps disponible pour son achèvement».

«Les fonctionnaires se créent mutuellement du travail» etc..

Les lois fondamentales de stupidité humaine.
Par Carlo M. Cipolla, aux PUF

« L'individu stupide est le type d'individu le plus dangereux et son nombre est toujours sous-estimé »

« La probabilité que tel individu soit stupide est indépendante de toutes les autres caractéristiques de cet individu »

La proportion d'individus stupides serait donc constante et la même, aussi bien parmi les prix NOBEL que partout ailleurs.

Un collègue de travail, qui est de « normale sciences », et qui travaillait beaucoup avec l'école polytechnique me disait: « Tu prends une promotion de polytechnique et une rame de métro métro à six heures du soir, il y a la même proportion d'imbéciles ».

Si la proportion d'imbéciles est nettement plus forte chez les dirigeants politiques, plus forte que partout ailleurs, cela peut s'expliquer aussi par le principe de PETER qui ajoute à la proportion naturelle une sélection par l'incompétence chez les dirigeants, parmi les postes à hautes responsabilités.

Et vous avez là toute l'explication de la crise et de la pénurie fabriquées entièrement par les élites dirigeantes alors que le travail et le mérite des Français ont crée toutes les conditions pour profiter naturellement de la sécurité dans l'abondance, rendue maintenant possible pour tous, par les progrès de la productivité, depuis des dizaines d'années.

Réflexions sur la question juive.
De Jean-paul SARTRE.

Publié pour la première fois en 1946, l'écrivain y développe cette thèse très originale: « Les antisémites existaient avant les juifs, et ce sont eux qui ont crée les juifs et sont responsables de la haine envers les juifs ».

Aujourd'hui, l'antisémitisme est interdit en France, mais les antisémites existent toujours, surtout au parti communiste (de gauche). Il leur faut donc des «juifs» de substitution afin de continuer à exercer leur haine. La gauche a alors inventé «l'antisionisme», qui a été maintes fois dénoncé comme un antisémitisme de substitution.

L'antisionisme a été dénoncé et condamné. Il fallait donc encore et toujours trouver autre chose.

L'invention du terme d'«extrême-droite» et la haine que suscitent ces Français de la part des différents politiques et journalistes de gauche, ainsi que de la «droiche», est bien loin du débat politique serein et bien plus proche de la haine antisémite.

Le qualificatif «d'extrême droite» que la gauche et la «droiche» réunis veulent coller à bientôt plus de 30% des français sympathisants et courageux, de plus en plus nombreux, procède des mêmes intentions que «Hitler de gauche» obligeant les juifs à porter l'étoile jaune. Le qualificatif «d'extrême droite», c'est une sorte d'étoile jaune de substitution.

La presse et les journalistes de gauche, n'hésitent pas à qualifier «d'extrême droite» des gouvernements et politiques étrangers, comme Israël par exemple, exportant ainsi son antisémitisme de substitution et lui donnant une dimension internationale.

«Hitler de gauche» l'a rêvé, la gauche l'a fait.

© 2011, Shlomo
Edition : BoD - Books on Demand
12/14 rond-point des Champs Elysées
75008 Paris
Imprimé par Books on Demand GmbH, Norderstedt, Allemagne
ISBN : 9782810612642
Dépôt légal : mai 2011

Livre disponible auprès des librairies physiques,
sur les boutiques partenaires telles que Decitre.fr et Chapitre.com